LA
DÉCADENCE
MILITAIRE

PARIS

AUGUSTE GHIO

PALAIS-ROYAL, 1, 3, 5 ET 7, GALERIE D'ORLÉANS

1885

PARIS. IMPRIMERIE A. L. GUILLOT,
7, rue des Canettes, 7

LA DÉCADENCE

MILITAIRE

6349 — PARIS, IMPRIMERIE A. L. GUILLOT

7, rue des Canettes, 7

LA
DÉCADENCE

MILITAIRE

PARIS

AUGUSTE GHIO

PALAIS-ROYAL, 1, 3, 5 ET 7, GALERIE D'ORLÉANS

1885

A quoy aucuns d'entre eulx contredi-
soyent, comme vous sçauez qu'en toutes
compaignies il y ha plus de folz que de
saiges et la plus grande partie surmonte
tousiours la meilleure ainsi que dict Tite
Liue parlant des Carthaginiens.

Pantagruel, Liv. II, chap. x.

PRÉFACE

Les nombreux ministres de la guerre qui se sont succédé en France depuis un demi-siècle ont été d'accord unanime sur la nécessité d'interdire aux militaires de tout grade de faire aucune publication sans leur autorisation préalable.

Autorisation préalable, cela s'entend : si c'est dans le sens des idées en vogue au ministère, tant qu'il vous plaira; autrement n'y comptez pas. Et il est dangereux de s'en passer, l'intendant général Wolf en a fait l'expérience.

C'est donc l'interdiction d'écrire pour les

gens indépendants. On prétend la justifier par des raisons de discipline. Cela n'est guère sérieux, les ministres sont armés et surabondamment armés pour réprimer tout acte d'indiscipline. qu'il se commette par la presse ou autrement.

La vérité est qu'ils ont le sentiment du peu de valeur de leurs combinaisons et crainte de voir mettre leur insuffisance en lumière.

Cette mesure a produit les résultats les plus déplorables et, suivant moi, elle est une des causes principales de notre affaissement militaire; ceci mérite explication.

Personne n'ignore que sous le régime actuel, c'est la presse qui régente et dirige ce qu'on appelle l'opinion publique, dont les législateurs sont les serviteurs très humbles. En empêchant d'écrire les seules gens capables de traiter les questions militaires, on en a laissé le monopole à un petit nombre d'écrivains prétendus.

A de rares exceptions près, cette compétence
est beaucoup plus apparente que réelle. Il est
extrêmement peu probable que l'officier quittant
prématurément l'armée se soit trouvé en situation d'acquérir les idées d'ensemble qui résultent seulement de la connaissance approfondie
des éléments qui la composent et de l'expérience
de leur rôle réciproque. Les militaires arrivés
aux plus hautes situations ne parviennent pas toujours à se défaire des préjugés et des préfé-
rences ordinaires à l'arme où ils ont longtemps
servi. S'ils l'avaient quittée au moment où ils
y occupaient encore des fonctions subalternes,
sans avoir jamais été mis en état de voir et de
comparer, leurs idées d'organisation seraient
certainement restées dans le cercle de leur rôle
restreint.

Ce n'est donc pas aux écrivains qui se trouvent
dans ce cas qu'on peut habituellement demander
la capacité et la hauteur de vues nécessaires
pour apprécier sainement la valeur et l'impor-

tance d'un système de réformes. Encore arrive-t-il souvent qu'on les oblige de suivre « la ligne » de leur journal et qu'ils ne sont plus maîtres de préconiser et de défendre les seules idées qui leur paraissent justes et avantageuses à la chose publique.

Après la terrible expérience de 1870, la nation était disposée à consentir tous les sacrifices pour reconstituer sa puissance militaire. Nous avions encore, à ce moment, les ressources financières les plus considérables de l'Europe continentale. Le soldat français est le meilleur qui soit, si on lui donne des chefs dignes de lui. Il y a un parti considérable à tirer des populations belliqueuses de nos possessions africaines, si on sait les utiliser.

Avec de pareils éléments, il aurait suffi d'un organisateur, non pas même de grand talent, mais simplement capable, pour faire de l'armée française, en peu d'années et sans conteste, la plus formidable du monde.

Les gens les plus optimistes ne sauraient disconvenir, qu'après quatorze ans de tâtonnements et de dépenses folles, on soit arrivé à un résultat bien différent.

C'est donc du fait des organisateurs que l'organisation a manqué et il ne faut pas en être surpris.

Exploitant le désir général de voir mettre à nu les vices de notre système militaire pour y porter remède, les écrivains dont je parlais plus haut sont entrés en campagne. Point il ne s'est agi pour eux d'émettre les opinions qu'ils jugeaient les meilleures, mais bien celles qu'ils pensaient devoir plaire au plus grand nombre de clients, c'est-à-dire les plus propres à assurer le débit de leur livre ou de leur journal.

Ce système les a invariablement conduits, et les législateurs avec eux, à soutenir les intérêts privés à l'exclusion et au détriment de l'intérêt général. C'est ainsi qu'ils se sont faits les promoteurs des mesures les plus fausses et les plus funestes, uniquement parce qu'elles tendaient à satisfaire les ambitions et les appétits des diverses catégories qui composent l'armée. De l'intérêt public et de la bonne organisation militaire, au nom de qui tous prétendaient parler, nul n'en eut jamais cure. Et qu'on ne m'accuse pas d'exagérer ; parmi les nombreuses preuves de ce que j'avance, je n'en présenterai qu'une, mais si concluante qu'il sera inutile d'en mentionner d'autre.

Tout le monde sait qu'à la guerre de 1870 notre artillerie se trouva, par rapport à celle de l'ennemi, dans les conditions d'infériorité les plus déplorables. Les canons allemands avaient sur les nôtres un double avantage : le système de chargement par la culasse rendant la manœuvre plus prompte et plus facile, et la nature du métal. On avait substitué au bronze l'acier, plus résistant, permettant d'obtenir de meilleures portées et une plus grande précision.

L'expérience fut aussi cruelle que décisive, aussi la nécessité de refaire à neuf tout notre matériel ne fut contestée par personne.

Dans ces circonstances, le devoir de l'artillerie française était nettement tracé : n'ayant su faire mieux ni aussi bien, il fallait faire pareil, dût-on copier exactement les modèles de Krupp. Seulement, c'était dur pour l'amour-propre. On sacrifia le devoir et on reconstitua l'artillerie en canons de modèle nouveau, il est vrai, mais toujours de bronze, de ce bronze qui avait figuré à Valmy et à Solferino, et que pour un rien on eût qualifié de national. Il y a, à ce sujet, une histoire monumentale du petit Thiers, qu'on fit assister avec sa « maison militaire » à des expériences où on lui prouva, clair comme le jour, au lendemain de la guerre, la supériorité du canon de bronze sur le canon d'acier. C'est ainsi que le système de Reffye fut adopté.

On venait d'achever la confection des pièces de cet inventeur, quand enfin un artilleur français se décida à proposer un modèle d'acier. Il fut de suite expérimenté et adopté, et on mit au rebut, sans vergogne, tout le matériel qu'on venait de construire à grands frais.

Inutile de dire que les mêmes périodes triomphantes, qui avaient servi à propos du système de Reffye à célébrer la science et la supériorité des artilleurs français, furent employées au même objet, à propos du système de Lahitolle, dont nous jouissons à présent.

C'est une merveille, dit-on, et je ne demande pas mieux que de le croire, seulement il y a une chose qui me contrarie, c'est que les puissances étrangères continuent de lui préférer les systèmes allemands.

Jamais, chez aucun peuple, à aucune époque, on n'a sacrifié à une question d'amour-propre les millions des contribuables et l'armement de la nation avec une pareille désinvolture.

Eh bien, parmi ces farouches tribuns qu'un long frémissement semble agiter sur leur chaise curule, au seul mot de patrie ou de défense nationale, parmi ces journalistes si prompts à verser leur encre pour le soutien des « saines doctrines » et la défense des « humbles et des faibles », s'en est-il trouvé un seul pour flétrir de pareils agissements ?

S'il s'était agi de la broderie d'un vétérinaire ou de la sentinelle d'un archevêque, c'est alors que tous ces gens-là auraient levé la vanne aux flots de leur éloquence et que nous en aurions entendu, de ces tirades où les principes de 89 sont si drôlement amalgamés aux maximes du grand Frédéric.

Mais, dans ce cas, il n'y avait aucun client à satisfaire, ni salaire à espérer, ni voix à gagner à l'élection, ni un sou de plus à la vente du journal.

Dès lors, à quoi bon, pour de pareilles vétilles, risquer de provoquer le mécontentement des intéressés et se mettre à dos une corporation puissante ?

S'il existait une presse militaire sérieuse, je ne vais pas jusqu'à prétendre que la conséquence en serait de faire toujours adopter, sur les questions qui touchent à l'organisation de l'armée, les solutions les plus rationnelles. Un organisateur puissant émettant de vastes conceptions d'ensemble a peu de chances de les faireaccepter ou même comprendre du public.

Mais, du moins, des gens honorables, ayant le respect d'eux-mêmes, finiraient par en conquérir la faveur, et des écrivains ainsi appréciés ne pourraient faire moins que d'apporter, dans l'examen des questions à traiter, une compétence plus sérieuse et un esprit moins étroit que ce à quoi nous

sommes habitués. Le premier résultat en
serait de faire disparaître ces publicistes dangereux qui n'ont acquis leur influence néfaste
que grâce à leur monopole de fait et faute
de toute concurrence sérieuse. Les faits
scandaleux seraient signalés à l'indignation
publique et l'on y regarderait à deux fois
avant de s'y exposer.

On a bien essayé de faire quelque chose
dans ce sens et l'on a créé des publications
militaires, honnêtement rédigées par des officiers capables et instruits. Le résultat en a
été insignifiant. Ce ne sont pas, en effet, des
publications spéciales, s'adressant à un public
restreint, qui peuvent avoir une influence appréciable sur l'opinion générale. Ce qui l'éclaire
ou la fausse, c'est le livre et surtout l'article
publié dans un journal politique et qui se
glisse entre une dissertation sur la question
des sucres et une tartine sur les dernières
élections.

Les publications dont il s'agit sont d'ailleurs autorisées et encouragées, c'est-à-dire surveillées, revues et soigneusement expurgées de toute idée originale et de toute opinion susceptible de contrarier les gens au pouvoir et ceux qui pourraient y être. Il n'en faut pas davantage pour les frapper d'impuissance. Aussi n'ont-elles ni autorité ni influence et peu ou point de lecteurs.

Reste, il est vrai, l'ouvrage anonyme. Mais cette ressource n'est pas du goût de tout le monde.

L'écrivain honnête est obligé de faire abandon de la récompense la plus précieuse pour lui : l'estime qui s'attache à l'homme qui a donné la preuve de sa valeur. Il a l'air de chercher à se soustraire à la responsabilité de ses actes. Enfin, il ne peut offrir aucune garantie de science ou d'impartialité.

Ce n'est donc pas sans une extrême hésitation qu'on a recours à ce moyen et il ne faut pas moins que les considérations puissantes ci-dessus développées, pour s'y déterminer.

Les nombreuses lois militaires, dont les législateurs ont gratifié leur pays depuis 1870, sont caractérisées par l'incohérence la plus absolue. On y sent à chaque ligne le manque de tout plan et de toute idée d'ensemble.

Et il n'a pu en être autrement, parce que toutes ont été le résultat de compromis et de combinaisons dont les auteurs, nullement capables d'ailleurs de rendre compte des conséquences de ce qu'ils faisaient, n'avaient en vue que de satisfaire les compétitions les moins justifiées. Aussi, peut-on dire d'une manière générale que dans toutes, l'intérêt public a été sacrifié aux intérêts particuliers, lesquels en sont toujours l'opposé.

Parmi ces lois néfastes, la plus funeste dans ses conséquences est sans contredit celle du 16 mars 1882 sur l'administration de l'armée.

J'écris ce livre pour mettre en évidence les aberrations de cette loi et montrer comment il aurait fallu la faire.

Je serai bref, parce que je veux être lu, et assez clair pour me faire comprendre, même de ceux qui sont le moins versés dans ces questions peu connues.

Cette loi de 1882 est remarquable par une création entièrement nouvelle et dont l'analogue n'existe dans aucune armée européenne, celle d'un corps de fonctionnaires désignés sous le titre de contrôleurs de l'administration de l'armée.

En démontrant la superfluité de cette invention grotesque, j'aurai atteint la loi dans sa base. Mais, je ne m'en tiendrai pas là et serai amené à toucher à des questions en apparence étrangères à mon sujet. Car tout se tient en matière d'organisation et surtout

d'organisation militaire. Aussi, rencontre-t-on
bien rarement de véritables organisateurs.
C'est qu'il y a peu d'hommes dont l'esprit
soit assez vaste pour embrasser, sous toutes
leurs faces, des questions si complexes.

I

CE QUE COUTENT LES CONTROLEURS

La loi de 1882 avait institué 80 contrôleurs en laissant l'espoir que ce chiffre ne tarderait pas à être notablement augmenté. On n'a pas tardé à s'apercevoir que les fonctionnaires les premiers nommés étaient de qualité si supérieure qu'elle permettait d'en diminuer la quantité. Une simple loi de finances en a limité le nombre à 52.

Ainsi réduits, ces messieurs coûtent encore au Trésor un beau million, ce qu'on peut voir par le tableau ci après :

		Ensemble.
6 Contrôleurs généraux de 1re classe.		
Traitement 21 000	} 29 000	174 000 fr.
Frais de service 8 000		
9 Contrôleurs généraux de 2e classe.		
Traitement 14 000	} 22 000	198 000
Frais de service 8 000		
	A reporter. . . .	372 000 fr.

	Report. . . .	372 000 fr.
16 Contrôleurs de 1re classe.		
Traitement 11 000) 16 000		256 000
Frais de service 5 000)		
16 Contrôleurs de 2e classe.		
Traitement 9 000) 14 000		224 000
Frais de service 5 000)		
5 Contrôleurs adjoints.		
Traitement 7 600		38 000
A quoi il convient d'ajouter les frais		
de route à 20 francs en moyenne par		
tête et par jour pendant 6 mois, ci		170 000
AU TOTAL		1 050 000 fr.

Il n'est pas fait mention des frais d'une
Direction spéciale au ministère ni des traitements de la Légion d'honneur, ni des retraites,
indemnités extraordinaires, etc., etc.

Voilà le débit du compte, ce que coûte annuel-
lement l'institution; voyons maintenant ce qu'elle
rapporte, c'est-à-dire à quoi elle sert.

C'est ce qui va faire l'objet des chapitres
suivants.

II

CE QUE C'EST QUE LE CONTROLE
DANS L'ARMÉE

J'ai suivi avec la plus grande attention les discussions parlementaires qui ont précédé le vote laborieux de la loi sur l'administration de l'armée. J'ai observé que tous les orateurs qui avaient traité la question avaient parlé du contrôle et si longuement que leurs discours feraient bien la matière d'un in-folio. Aucun pourtant ne l'a défini.

Il y a de ces choses qu'il n'est pas séant d'ignorer et c'est faire injure à ceux qui vous écoutent que les leur vouloir enseigner. Les orateurs semblaient croire que tel était le cas. Ils avaient l'air convaincus que personne ne pouvait se trouver dans l'Assemblée qui eût besoin d'apprendre ce que c'est que le contrôle. La vérité est que pas un ne s'en doutait et la suite va le faire voir.

Il est juste d'ajouter qu'ils étaient excusables, car s'ils avaient tenu à se renseigner, ils n'en auraient pas eu facilement le moyen.

Tous les auteurs qui ont écrit sur l'administration militaire ont si bien noyé leurs démonstrations dans un tel luxe de détails qu'ils en sont devenus inintelligibles pour tout autre qu'un homme du métier. Or, par le temps qui court, ce sont justement les gens du métier qui sont seuls et rigoureusement exclus de toute délibération les concernant.

Je procéderai autrement, et supposant mon lecteur entièrement ignorant de la question, je vais prendre la chose par le commencement, ne m'occupant que d'être clair et écartant tout détail ou considération accessoire.

Le contrôle s'entend de l'ensemble des moyens employés pour empêcher les comptables de mésuser de l'argent ou du matériel mis à leur disposition pour assurer les besoins de leur service.

Pour arriver à ce résultat, la première chose à faire est évidemment de ne leur délivrer l'un et l'autre qu'à bon escient. A cet effet, un comptable qui a besoin de fonds ne va pas les demander directement à une caisse publique. Il faut au préalable qu'il présente sa demande à quelqu'un dont la mission est de l'examiner, de s'assurer de sa régularité et de son bien fondé, qui la contrôle en un mot et qui, si le résultat de l'examen est favorable, l'annote d'une manière particulière.

Le Trésor ne délivre les fonds que sur le vu de cette annotation, qui porte le nom d'ordonnancement.

S'il s'agit de matériel ou de denrées, on procède d'une manière analogue. On ne délivre l'un ou l'autre qu'en échange d'une demande revêtue des mêmes formalités que dans le cas précédent. Seulement, l'ordonnancement change de nom, on l'appelle alors visa de distribution.

L'ordonnancement est donc la première attribution essentielle du contrôle.

Une fois l'argent et le matériel aux mains des comptables, il arrive nécessairement que de deux choses l'une :

Ou bien l'un et l'autre reçoivent la destination prévue par les règlements ;

Ou bien des circonstances accidentelles impossibles à prévoir en entraînent la perte ou la destruction, en tout ou en partie.

Dans ce dernier cas, il faut de toute nécessité que quelqu'un ait mission de constater, par acte authentique ces circonstances et les pertes qui en sont résultées, sans quoi les comptables auraient toute facilité pour faire disparaître sous un prétexte ce qui serait à leur convenance.

Exemple : Un cheval meurt dans un régiment. Il n'y a pas de règlement qui puisse prévoir que tel cheval mourra précisément tel jour. Alors le comptable — le comptable d'un régiment en est le conseil d'administration — invite la personne qui a qualité pour cela à venir s'assurer de la mort du cheval et à dresser procès-verbal de cette constatation. Ce procès-verbal sert à justifier de la perte.

Et que la chose soit importante ou non, la règle est toujours la même. Qu'il s'agisse d'approvisionnements immenses détruits par un incendie ou de la casquette d'un soldat jetée à l'eau par un coup de vent, il est indispensable que quelqu'un ait mission de venir s'enquérir des circonstances de l'affaire, d'apprécier les responsabilités, de constater le tout d'une manière régulière; qu'il contrôle en un mot les motifs invoqués pour justifier des pertes.

La mission de constater les faits de toute nature intéressant l'administration, et le droit de dresser acte authentique de cette constatation constitue donc la deuxième attribution essentielle du contrôle.

Enfin, si deniers et matériel ont reçu la destination prévue par les règlements, il faut que les comptables en fournissent la preuve. A cet effet, ils établissent des comptes. Tout compte est fait pour être présenté à l'examen de quelqu'un. Ce quelqu'un doit vérifier l'exactitude des diverses inscriptions qui y sont portées et qui sont relatives à la destination donnée à l'argent et au matériel. Il contrôle ainsi l'emploi qu'on a fait du tout.

La vérification et la régularisation des comptes constituent donc la troisième et dernière attribution essentielle du contrôle.

Le contrôle que je viens de définir n'est pas complet, il comprend tout ce qui se reçoit, se perd et se consomme sur place ; il ne comprend pas les mouvements de matériel qui peuvent avoir lieu entre des corps de troupes ou des établissements différents.

Exemple : Le magasin d'habillement de Rennes envoie un ballot de couvertures à un régiment de ligne à Orléans. Si le comptable de ce régiment est de mauvaise foi et veut s'approprier ces couvertures, rien ne l'oblige de déclarer que tel jour il a reçu cet envoi et d'en faire entrée dans ses comptes.

Pour obvier à cet inconvénient, on a imaginé de prescrire que tous les comptables de la guerre établiraient en fin d'année un travail particulier appelé compte de gestion, et qui n'est autre que le relevé de tous les mouvements de matériel mentionnés dans leurs écritures. Tous ces comptes sont adressés au ministère. Là on les rapproche les uns des autres et on compare les inscriptions correspondantes. On s'assure ainsi que toutes les fois qu'un comptable a expédié à un autre un objet quelconque, à la sortie des comptes de l'expéditeur correspond bien une entrée égale dans ceux du destinataire.

Cette vérification nécessaire qui s'effectue dans les bureaux du ministère porte le nom de contrôle central par opposition au contrôle proprement dit, que j'ai défini plus haut et qu'on appelle aussi contrôle local.

Il est donc établi que les trois attributions essentielles du contrôle sont ;

1° L'ordonnancement ;

2° La constatation des faits par acte authentique ;

3° La vérification et la régularisation des comptes.

Ces trois attributions constituent un ensemble complet. Si la réglementation concernant chacune d'elles est bien établie, l'esprit ne conçoit pas qu'aucun acte d'un comptable puisse échapper à l'examen de celui qui est chargé de son contrôle, ce qui est justement le but qu'on se propose d'atteindre.

Il importe en outre de remarquer que le contrôle est nécessairement unique.

Que si deux fonctionnaires opérant indépendamment l'un de l'autre avaient tous deux qualité pour ordonnancer à un comptable une demande de fonds concernant le même objet, cela ferait au comptable double provision d'argent.

Si ces deux fonctionnaires avaient l'un et l'autre qualité pour constater la perte d'un seul et même objet, cet objet pourrait sortir des comptes deux fois au lieu d'une ; chaque cheval mort, par exemple, permettrait de s'approprier un cheval vivaut, moyeu commode pour remonter à peu de frais ses amis et connaissances.

Enfin, si les mêmes justifications pouvaient servir à la régularisation de deux comptes, cela permettrait de justifier d'une dépense double de celle qui aurait été réellement faite.

En un mot, doubler le contrôle équivaudrait à doubler la dépense pour un même service.

III

LE CONTROLE DE L'ADMINISTRATION N'EST PAS AUX CONTROLEURS

Maintenant que j'ai défini le contrôle et que j'en ai déterminé les attributions, je vais rechercher dans les dispositions de la loi de 1882 et des décrets qui l'ont développée à quels agents ces attributions sont dévolues.

Voici qui est clair :

Décret portant règlement pour l'exécution de la loi du 16 mars 1882 en ce qui concerne le service de l'intendance (16 janvier 1883).

TITRE Ier

Dispositions générales.

Art. 1er. — Le service de l'intendance comprend :
Les services de la solde, des subsistances militaires, de

l'habillement et du campement, du harnachement de la cavalerie de marche et transports, des lits militaires, et l'ordonnancement des dépenses relatives à ces services ;

L'ordonnancement des dépenses des corps de troupes et des établissements considérés comme tels, la vérification et la régularisation des dépenses en deniers et en matières effectuées sur la caisse ou les magasins de ces corps ou établissements ;

L'ordonnancement de toutes les dépenses du service de santé et la vérification des gestions en deniers et en matières y relatives ;

. . . .

L'ordonnancement et la vérification des dépenses des bureaux de recrutement et du service de la justice militaire; enfin, l'administration des personnels sans troupe et des isolés jouissant d'une solde, d'un traitement ou d'une gratification.

. . . .

Art. 3. — Les membres du corps de l'intendance militaire ont seuls qualité pour dresser, sous forme authentique, les procès-verbaux destinés à constater les faits qui, dans les services dont ils ont la direction ou la surveillance administrative, peuvent intéresser le budget de la guerre.

. . . .

Le rédacteur des dispositions qui précèdent aurait pu économiser son encre, il lui suffisait de dire :

Le service de l'intendance comprend le contrôle

de l'administration de l'armée, sauf ce qui concerne les services techniques de l'artillerie, du génie et des poudres et salpêtres.

Il est vrai que ne voulant employer le mot, il était obligé d'expliquer la chose, et il faut reconnaître qu'il ne pouvait définir mieux ni plus exactement les attributions du contrôle.

Au budget ordinaire de la guerre, les services techniques mentionnés ci-dessus sont portés ensemble pour une somme totale de quarante-trois millions en chiffres ronds.

Le budget entier est de cinq cent quatre-vingt-dix-sept millions.

Le contrôle de l'administration de l'armée appartient donc pour les treize quatorzièmes aux fonctionnaires de l'intendance.

Pour le quatorzième restant, on trouverait, en se reportant aux règlements spéciaux des services techniques, que les attributions du contrôle sont dévolues aux directeurs de ces mêmes services.

Dans tout cela, il n'est pas question des contrôleurs.

Un homme se présente chez Ricord. Le fameux praticien l'examine. « Vous avez, lui dit-il, une plaie à induration caractérisée avec roséole et engorgement spécifique des ganglions de l'aine. — Merci, monsieur, s'écrie l'autre au comble de la joie, j'avais peur d'avoir la grosse affaire ! »

Les législateurs de la loi 1882 entendaient l'administration militaire tout juste autant que le client de Ricord entendait la médecine.

Si on leur avait présenté un projet de loi ainsi conçu :

Art. 1er. — Il est créé un corps de contrôleurs de l'administration de l'armée dont un règlement d'administration publique déterminera les attributions.

Art. 2. — Le contrôle de l'administration de l'armée sera exercé par les fonctionnaires de l'intendance, sauf pour les services techniques, et pour ces services par leurs directeurs.

Nul doute qu'ils ne se fussent écrié :

« Voilà qui est absurde ; il est bien inutile de créer un corps de contrôleurs si c'est pour donner les attributions du contrôle à d'autres ! »

On remplace le mot par sa définition, ils admirent avec ensemble et votent d'enthousiasme.

IV

ATTRIBUTIONS RÉELLES DES CONTROLEURS

Un monsieur qui a dû être singulièrement
embarrassé, c'est celui qu'on a chargé de rédiger
le décret portant règlement des attributions et du
fonctionnement du corps du contrôle en exécution
des dispositions de la loi de 1882.

Car il est difficile de donner aux uns ce qu'on
a déjà donné aux autres.

D'habitude, en pareille circonstance, on adopte
une solution pratique, on double l'emploi ; cela
fait beaucoup de places à donner, plus encore à
promettre et tout le monde est content.

Mais dans ce cas particulier, le malheur voulait
que la fonction fût justement de celles qui ne
se doublent pas, le contrôle étant par nature
unique.

Et d'aller dire aux honorables que leur invention n'avait pas le sens commun, il n'y fallait

pas songer, point ils n'en seraient convenus et le
ministre y aurait sauté.

Aussi, ceux qui étaient à peu près au courant
de la question, — ils n'étaient pas nombreux, —
attendaient-ils avec une certaine curiosité de voir
comment on se tirerait d'affaire.

Ils ne devaient pas être vite satisfaits. La loi
avait été promulguée le 16 mars, le décret ne
parut que le 28 octobre; l'accouchement avait été
laborieux.

Je passe sous le silence les titres I et III de ce
décret, qui sont de pur remplissage, et j'arrive de
suite au titre II qui traite seul de la question. Il
est conçu en cest ermes :

TITRE II

Attributions et fonctionnement du contrôle.

Art. 6. — Les contrôleurs se conforment aux instructions du Ministre dans l'exercice de leurs attributions qui
sont réglées, d'une manière générale, par les articles 3,
25 et 26 de la loi du 16 mars 1882.

Art. 7. — Après s'être présentés, sans avis préalable, à
l'autorité militaire du lieu où ils ont à accomplir leur mandat, ils réclament de celle-ci, sur la seule exhibition de

leur commission, tous les ordres nécessaires pour l'exercice de leurs inspections et vérifications, soit dans les corps de troupes, soit dans les établissements militaires. Ils passent aussi toute revue d'effectif et font tout recensement qu'ils jugent utiles. Ils ont le droit d'assister à toutes les opérations administratives qui s'accomplissent dans le service qu'ils contrôlent.

Art. 8. — Les actes de la direction comme les faits de la gestion sont soumis à leur contrôle. Ils examinent la comptabilité des ordonnateurs aussi bien que celle des comptables. Ils ont accès dans les bureaux des directeurs et dans ceux des gestionnaires.

Les établissements, magasins, chantiers et locaux des divers services leur sont ouverts à toute réquisition.

Ils vérifient inopinément toutes les caisses.

Ils peuvent se faire présenter, pour les examiner sur place, les registres de comptabilité et de correspondance, les pièces de comptabilité, lettres, ordres ministériels ou du commandement, marchés, et généralement tous les documents divers de la direction de la gestion.

Ils visent ou arrêtent *ne varietur* les registres sur lesquels ils ont porté leurs vérifications.

Art. 9. — Les contrôleurs peuvent requérir la réunion des conseils d'administration pour assister à la vérification de leurs écritures, de leurs caisses, à l'inventaire des ateliers et magasins renfermant le matériel placé sous leur responsabilité et pour leur donner connaissance des résultats de leurs investigations.

Art. 10. — Les contrôleurs n'exercent aucune action

immédiate sur la direction ou sur l'exécution du service.
Ils ne peuvent diriger, empêcher ou suspendre aucune opération. Ils se bornent à rappeler les lois, règlements, instructions et décisions ministérielles dont ils ont à surveiller
l'exécution, et à provoquer sur les faits et les actes
qu'ils contrôlent des explications qui doivent leur être
fournies soit de vive voix, soit par écrit s'ils en font la
demande.

Art. 11. — Après chacune de leurs opérations, les contrôleurs établissent et adressent au Ministre un rapport
par service.

Toutefois, lorsque la direction des opérations du contrôle dans une région ou dans une certaine division des
services a été confiée par le Ministre au plus élevé en grade
d'un groupe de contrôleurs, les rapports de tous ceux qui
sont placés sous ses ordres sont par lui réunis et transmis
avec ses observations, et, s'il y a lieu, son propre rapport
sur l'ensemble de chaque service.

Pour un règlement d'administration publique,
ce n'est pas long.

Ce n'est pas long et ce n'est pas concis.

En tirant le net de ce verbiage, on y trouve
ceci et pas autre chose :

Les contrôleurs iront visiter les services
administratifs et ils feront rapport de ce qu'ils
auront vu.

Aller visiter quelque chose et rendre compte de ce que l'on a **vu**, cela s'appelle en tous pays inspecter.

Les contrôleurs ne contrôlent donc pas, ils inspectent.

V

Je ne fais pas une guerre de mots. Si, en inspectant, les contrôleurs rendent des services appréciables, je ne demande pas mieux que de le reconnaître et de proclamer leur utilité.

Voyons donc ce qu'est l'inspection dans les services de la guerre et à quoi elle est utile.

Un inspecteur militaire a généralement autorité sur le personnel qu'il inspecte et action directe ou indirecte sur les notes et l'avancement.

Il en résulte que, son arrivée étant prévue ou signalée, chacun s'occupe de présenter son service dans le meilleur ordre. On met à jour les travaux en retard, on active l'instruction, on tâche de faire disparaître tout ce qui pourrait donner sujet à blâme ou à critique.

A ce point de vue, l'utilité des inspecteurs est

incontestable. Ils n'existeraient pas qu'il faudrait les créer.

En outre, il y a le rapport que l'inspecteur établit, ses opérations terminées, et adresse au ministre.

On est arrivé en France à une centralisation si excessive et le nombre des documents qui vont s'accumuler dans les casiers des ministères est si formidable qu'il y a impossibilité matérielle non seulement de les étudier tous et d'y donner la suite qu'ils comportent, mais encore souvent d'en prendre connaissance.

C'est bien juste si le personnel à ce employé, considérable cependant, parvient à assurer le service courant et à répondre aux demandes urgentes. C'est pourquoi le sort commun des rapports est bien connu.

On les range méthodiquement dans des cartons soigneusement classés et étiquetés et ils dorment en paix jusqu'à ce que le moment soit venu où la place manque pour loger ceux qui continuent d'arriver en foule. On s'occupe alors de faire disparaître les plus anciens et on délibère gravement sur *la question de savoir* si on les mettra au feu ou si on les vendra à l'épicier.

Quelques-uns obtiennent les honneurs de l'incinération, les autres vont envelopper la cassonade.

Sic transit gloria mundi.

Il arrive pourtant parfois qu'on prend connaissance de quelques-uns et on a même pour les faire lire un moyen assez original et qui réussit souvent.

Il faut savoir que la forme de ces documents est rigoureusement réglementée et spécialement le format du papier sur lequel ils sont établis. Il y a des habiles qui employent un papier plus grand que l'ordonnance. Cela dérange l'alignement et contrarie vivement le bureaucrate préposé à l'arrimage. Il arrive que celui-ci, dans sa légitime indignation, prend connaissance de la chose, espérant trouver sur qui faire tomber le poids de son mécontentement.

On a beaucoup de chances, par ce procédé, pour obtenir une solution à son affaire.

Les inspecteurs ne manquent en France pour aucun service. Mais ce sont surtout ceux de la guerre qui en sont le plus plantureusement pourvus.

Cette exubérance n'est pas à proprement parler un abus, car elle résulte des conditions de l'organisation militaire. L'armée est faite pour la guerre et pourvue en conséquence d'un nombre considérable d'officiers généraux dont le rôle est fort restreint en temps de paix. Il faut pourtant leur donner des fonctions. Le service du temps de paix se faisant par régiment, les généraux n'auraient rien à faire si on ne les chargeait en permanence de l'inspection des troupes qu'ils doivent commander en manœuvres ou devant l'ennemi.

On ne fait pas inspecter suivant les besoins du service, mais pour donner emploi à un personnel dont on n'aurait que faire sans cela.

D'où l'excès inévitable.

Si les troupes sont déjà inspectées au delà du nécessaire, c'est bien autre chose pour l'administration. Non seulement elle a ses inspecteurs propres, mais encore les inspecteurs de toutes les armes et tous les chefs militaires.

Des troupes de diverses armes tiennent garnison dans une place. Ces armes ont toutes leurs inspecteurs spéciaux. Mais chacun de ces inspecteurs a en outre le droit et le devoir de visiter les services administratifs de la place. De sorte que les troupes ayant déjà trop d'inspections, l'administration en a quatre ou cinq fois plus.

Ces fonctions sont utiles, nécessaires même, mais il y a limite à tout. S'il en faut, du moins n'en faut-il pas outre mesure.

Dans ces conditions, créer une nouvelle catégorie d'inspecteurs particuliers à l'administration, dépourvus des attributions les plus importantes et réduits au simple rapport, constitue une exagération ridicule ou comme on dit aujourd'hui un comble, le comble de la superfluité.

Les contrôleurs sont donc entièrement inutiles. Ils ne sont pas nuisibles non plus, du moins jusqu'à présent, la seule chose qu'on puisse leur reprocher étant de gêner par encombrement.

Ceux qui ont la déplorable habitude d'appeler les choses par leur nom qualifieraient simplement l'institution de ridicule, mais le Conseil d'État, dans un arrêté récent, a été plus cruel.

Cette haute assemblée, appréciant à sa valeur le soi-disant contrôle, le traite de supérieur et intermittent. Un contrôle intermittent, c'est comme si on disait un crible pour contenir de l'eau ou un filet pour ramasser du sable. Dire intermittent est déjà dur, mais y joindre supérieur devient féroce. C'est le piège à musique qui enlace un homme dans ses pointes de fer et lui joue simultanément un air pour charmer ses loisirs.

Il n'y a que les jurisconsultes pour dépecer le monde à froid avec une telle courtoisie et de pareils raffinements.

VI

OPÉRATIONS DES CONTROLEURS

Néanmoins, les contrôleurs inspectent et ils inspectent même avec passion. Ce n'est pas seulement le feu de paille du début, c'est la bataille pour la vie. Ils tiennent à leurs places, qui sont avantageuses, et sentant l'inutilité de leur rôle ne veulent pas qu'il y paraisse. Aussi leurs rapports sont-ils de véritables monuments.

J'ai eu l'occasion d'en lire un. Il s'agissait d'un parc à charbon dans une petite ville de garnison du Nord. Le parc avait cinq mètres de façade et le rapport vingt pages. Toutes les observations du contrôleur étaient méticuleusement reproduites, ainsi que les réponses du domestique qui l'avait reçu. Chaque demande et réponse était suivie d'une discussion approfondie sur la valeur relative et réciproque de l'une et de l'autre : jamais l'art de tirer à la ligne n'a été poussé au loin. Si celui-là est jamais à la recherche d'une position sociale,il pourra se faire reporter de journal, je réponds qu'il se fera de beaux revenus.

On m'a raconté qu'un sénateur curieux et mal convaincu de l'utilité réelle du corps du contrôle avait récemment demandé au sous-secrétaire d'État de lui faire connaître les résultats pratiques de la nouvelle institution.

Le sous-secrétaire d'État lui aurait produit un détail montant à un chiffre fort respectable des excédents constatés par les contrôleurs dans la plupart des magasins du service des subsistances.

On entend par excédents les quantités de matériel qui peuvent se trouver en plus de celles qui sont mentionnées aux écritures.

On insinuait que lesdites denrées n'attendaient plus que le moment propice pour s'écouler discrètement par la porte dérobée au profit de ceux qui avaient eu l'habileté d'en dissimuler l'existence ; à quoi les contrôleurs étaient arrivés juste à propos pour mettre bon ordre.

Le sénateur curieux serait resté coi.

Voici comment on l'avait mystifié :

Il faut savoir que presque toutes les denrées

du service des subsistances sont hygrométriques. Un sac de farine, par exemple, réglé à l'origine à un certain poids, peut devenir sensiblement plus lourd à la suite d'une série de temps humides, la différence provenant de la vapeur d'eau absorbée.

Les vérificateurs ordinaires tiennent compte de cette circonstance et admettent la denrée comme ne représentant que son poids primitif, sachant que le surcroît n'est qu'apparent et s'en ira comme il est venu.

Les contrôleurs le savaient fort bien aussi, c'est même pour cela qu'ils inventoriaient si minutieusement les vivres et les fourrages ; il leur fallait des excédents et ils savaient comment les faire paraître.

L'importance des approvisionnements de vivres et fourrages entretenus par le département de la guerre est énorme. Un léger excédent sur l'ensemble de ces quantités fait encore un chiffre fort respectable.

Inutile d'ajouter qu'aux premiers vents d'est, les prétendus excédents s'en furent en vapeur, et qu'il fallut rapporter de nouveaux procès-verbaux pour remettre les choses en l'état ; mais peu importait, le tour était joué.

2.

Si le sénateur curieux n'avait pas été en même temps naïf, il aurait dit au sous-secrétaire d'État :

« Il n'est pas habituel que les sacs de farine et les bottes de paille s'en aillent clandestinement des magasins sans que quelqu'un les y aide. Le cas est prévu par le Code et il y a des tribunaux pour en connaître.

« Veuillez compléter les renseignements que vous avez bien voulu me donner par la liste des agents qui ont été déférés à la juridiction compétente à la suite des investigations des contrôleurs ayant produit les résultats que vous dites. »

C'eût été le tour du sous-secrétaire d'État de rester coi.

Car, depuis l'invention des contrôleurs, il y a bien eu dans l'armée, comme devant, des gens qui ont volé et qui se sont laissé prendre. Mais dans l'affaire d'aucun on n'a trouvé trace de l'action des contrôleurs ; ce qui, par parenthèse, prouve par le fait ce que j'ai déjà établi par le raisonnement, à savoir que si le contrôle existe, il n'est aucunement aux mains des contrôleurs.

Ce sont d'ailleurs gens d'esprit et qui, dans une circonstance récente ont mis les rieurs de leur côté.

Il s'agissait des officiers du génie, qui sont ou qui plutôt étaient logés pour la plupart dans les bâtiments militaires.

Ces officiers étant chargés de l'entretien et des réparations de ces mêmes bâtiments, il était naturel de présumer qu'ils penseraient d'abord à eux et que la première couche de vernis serait pour leur appartement, les autres devant en avoir après, s'il en restait.

Les contrôleurs ont mené grand bruit de cette prétendue découverte et obtenu du ministre une décision prescrivant aux officiers du génie d'avoir à « vider les lieux » à bref délai, pour leurs appartements être attribués à d'autres.

Qu'on se rassure : les grosses épaulettes sont d'ailleurs épargnées.

Le coup est joli, mais n'a aucun rapport avec le contrôle. L'abus, si abus il y a, ne se commet plus au profit des mêmes personnes. Rien n'est changé autrement, et pas un sou n'est rentré de ce chef dans les caisses publiques. Dans le cabinet méditatif où les études paisibles du disciple de Vauban ne troublaient guère l'écho résonne aujourd'hui la botte éperonnée d'un cuirassier. Mais le cuirassier ne paye pas son loyer d'après un tarif différent de son prédécesseur ; il le paye même moins souvent, allant davantage aux manœuvres de son corps d'armée. Tenez d'ailleurs pour certain que s'il est en bons termes avec la femme du général, l'argent des réparations ira plutôt à son salon qu'aux chambres de la troupe.

VII

DISTINCTION DES DEUX BRANCHES DE L'ADMINISTRATION; LEUR INCOMPATIBILITÉ

J'ai établi que le contrôle de l'administration de l'armée appartenait au nom près et pour la presque totalité à une catégorie de fonctionnaires désignée sous le nom de corps de l'intendance militaire.

J'ai maintenant à examiner si ces fonctionnaires sont en situation d'exercer les attributions qui leur sont ainsi dévolues.

A cet effet, il faut, pour procéder logiquement :

Exposer le rôle entier de l'administration militaire dont le contrôle n'est qu'une branche ;

En déduire les attributions nécessaires à ceux qui en sont chargés pour leur permettre d'exercer leurs fonctions.

La comparaison entre les attributions nécessaires et celles dévolues fournira la réponse à la question.

L'homme ne peut vivre sans manger et il a encore bien d'autres besoins qu'il est indispensable de satisfaire. Les militaires sont soumis à la règle commune. De là la nécessité d'organiser pour l'armée les moyens de satisfaire à ces besoins quand ils sont légitimes.

L'administration n'a pas d'autre but.

Mais l'homme n'a pas que des besoins légitimes ; il a aussi des appétits qui le sont moins : de là nécessité de le restreindre.

L'administration a donc un double rôle :

Satisfaire aux besoins ;

Les renfermer dans de justes limites.

Ce deuxième rôle de l'administration est le propre du contrôle dont j'ai défini plus haut les attributions.

J'ai fait voir que ces attributions étaient :

L'ordonnancement ;

La constatation authentique des faits ;

La vérification et la régularisation des comptes.

L'ordonnancement est surtout une affaire d'ordre et de comptabilité.

La constatation authentique des faits soulève

des questions plus délicates. Il faut que la personne qui en est chargée ouvre des enquêtes, entende des témoignages, apprécie des responsabilités. Son rôle s'élève déjà et elle devient en quelque sorte un magistrat instructeur.

Un magasin est détruit par un incendie ; entendez le comptable : il n'y avait sortes de précautions qu'il n'eût prises, ses livres étaient dans un ordre parfait, pas un clou ne manquait à l'appel. Il faut vérifier ces allégations, rechercher et appliquer les moyens d'investigation les plus propres à connaître la vérité, poser des conclusions. Ces conclusions feront décharger le comptable ou bien elles engageront sa responsabilité, ou bien elles serviront de base à une action judiciaire.

Mais c'est quand il s'agit de la vérification et de la régularisation des comptes que les fonctions du contrôle deviennent, dans toute l'acception du mot, une magistrature.

Tout compte comprend nécessairement deux parties, le crédit et le débit, le droit et le fait.

Il arrive souvent qu'un compte est présenté d'une manière plus simple et semble n'avoir qu'une partie, mais la contradiction n'est qu'apparente. Si une des parties est omise, c'est qu'on la suppose facile à rétablir par le vérificateur. Je prends un exemple pour me faire mieux comprendre.

Un comptable a été chargé d'assurer un certain service. Pour ce faire, il a dû acheter certains objets et les payer un certain prix. Il présente le compte de sa dépense qui se compose du détail des objets achetés et du prix qu'on les a payés. Le cas est des plus simples et on ne voit qu'une seule partie au compte. Si le vérificateur se contente de s'assurer des totaux et de se faire présenter les factures des fournisseurs, il aura fait une vérification inintelligente et insuffisante, il n'aura constaté que le fait de la dépense effectuée.

Pour que la vérification soit sérieuse, il faut en outre qu'il établisse le droit. Dans l'espèce il aura à apprécier si l'on n'a pas acheté plus d'objets qu'il n'était nécessaire et si on ne les a pas payés au delà de leur valeur ; en d'autres termes il faut qu'il détermine ce qu'on aurait dû faire, établissant ainsi lui-même l'autre partie du compte.

C'est la comparaison entre ce qu'on aurait dû faire, — le droit, — et ce qui s'est pratiqué, — le fait, —qui constitue la vérification.

Les comptes les plus simples, comme les plus compliqués se réduisent toujours à ces deux termes.

Si la comparaison fait ressortir une différence, si on trouve ainsi que la dépense faite a été plus grande qu'elle n'aurait dû être, on met le surplus à la charge de qui de droit.

La concordance entre le droit et le fait ainsi rétablie, le compte est dit régularisé.

Vérifier un compte, c'est comparer le droit au fait, c'est rendre un jugement.

Le régulariser, c'est faire exécuter ce jugement.

Ceux qui ont mission de vérifier et de régulariser les comptes ont donc mission de rendre des jugements et de les faire exécuter : ce sont des magistrats.

Les chefs militaires sont les premiers et les principaux justiciables de ces magistrats administratifs. Ils le sont directement et indirectement.

Directement, parce qu'ils reçoivent des traitements, des indemnités, des rétributions diverses. Le droit à ces traitements et allocations dans les diverses circonstances est fixé par des règlements. Mais ces règlements peuvent être transgressés. Ils ne sont pas non plus toujours tellement clairs et précis qu'il n'y ait dans bien des cas matière à appréciation.

Pour les chefs militaires comme pour les autres, il faut donc qu'il y ait un magistrat chargé de juger leur compte et de le rectifier au besoin.

Indirectement, parce qu'ils peuvent outrepasser leurs attributions et donner des ordres entraînant des dépenses irrégulières. Il faut bien que ces dépenses soient rejetées des comptes où elles ont été portées et mises à la charge de ceux qui les ont indûment ordonnées.

Les responsabilités de cette nature peuvent être considérables.

Il est universellement admis que l'indépendance d'un magistrat doit être complète. S'il est absurde de subordonner un magistrat à quelqu'un, il est souverainement absurde de le subordonner à son principal justiciable.

Les magistrats administratifs, ceux qui sont chargés de l'exercice du contrôle, doivent donc être tenus dans une indépendance absolue du chef militaire ; cette condition est indispensable à l'accomplissement de leur mandat.

C'est le contraire qui est vrai pour l'autre partie de l'administration, celle qui a pour objet de pourvoir aux besoins à satisfaire.

Un commandant de troupes qui ne disposerait pas en même temps du moyen de les faire subsister n'aurait qu'une autorité fictive. Il pourrait faire parader ses soldats, il serait hors d'état de les faire mouvoir. A la première étape, il faudrait leur donner à manger et comme il n'y aurait pas de quoi les satisfaire, ils seraient bien obligés de se débander pour ne pas mourir de faim.

Ceux qui sont chargés de diriger les services administratifs de l'armée ne sauraient donc être autre chose que les agents et les subordonnés du commandant de l'unité à laquelle leurs services ressortissent.

Cela est tellement évident qu'il n'est pas concevable que la théorie contraire ait jamais été soutenue sérieusement.

Il n'est pas matériellement possible qu'un homme soit à la fois le subordonné d'un autre et indépendant de lui.

Les deux branches de l'administration, — contrôle d'une part, moyens de pourvoir de l'autre, — ne sauraient donc être mises aux mains des mêmes personnes.

Cette incompatibilité est absolue ; autrement, si on subordonne l'administration, le contrôle est mis à néant; dans le cas contraire, c'est l'autorité des chefs militaires qui est détruite.

Les deux résultats sont également funestes.

VIII

L'ADMINISTRATION MILITAIRE SOUS LE PREMIER EMPIRE

Les règles qui doivent présider à l'organisation administrative des armées sont invariables comme les besoins mêmes et la nature de l'homme.

Du jour où il y a eu des armées, il a fallu songer au moyen de les pourvoir et aussi à prévenir les abus ; ces questions ont préoccupé ceux qui les organisaient.

L'armée française n'a pas toujours été dirigée par des gens ineptes et incapables ; elle a eu ses hommes de génie et ses moments de grandeur et de supériorité.

Cette supériorité est la conséquence de la valeur de l'organisation.

Si j'ai raisonné juste, je dois retrouver en remontant l'histoire, l'application des principes que je viens de poser, et la retrouver au moment où le maximum de puissance militaire correspondait nécessairement à l'organisation la plus parfaite.

Cette époque a été celle de la grande épopée impériale.

Alors l'administration était aux mains de deux catégories bien distinctes de fonctionnaires.

Les uns étaient chargés des personnels, c'est-à-dire du contrôle : c'étaient les inspecteurs aux revues.

Les autres avaient le matériel, c'est-à-dire les établissements destinés à assurer les moyens de pourvoir : c'étaient les commissaires des guerres.

Les règlements en vigueur alors assuraient aux premiers une indépendance complète des chefs militaires, les seconds n'en étaient que les agents.

C'était l'application rigoureuse des principes posés plus haut.

Et le résultat en fut si excellent, le fonctionnement de l'administration se trouva si régulier, en temps de paix comme en temps de guerre que, lorsqu'on voulut détruire cette organisation, on chercha des prétextes et on n'en trouva pas.

On la détruisit néanmoins, et il est intéressant de savoir par suite de quelles circonstances on en est arrivé en France à une aberration si flagrante que de réunir des services si évidemment incompatibles.

C'est ce qui va faire l'objet du chapitre suivant.

IX

La réunion dans les mêmes mains des attributions des inspecteurs aux revues et de celles des commissaires des guerres date de 1816, et fut opérée par Gouvion-Saint-Cyr, lequel créa ainsi le corps de l'intendance militaire.

Cette création fut essentiellement politique, et pour se rendre compte des motifs qui guidèrent le ministre, il est indispensable de rappeler quelle était à ce moment la situation du gouvernement qui venait d'être établi.

Ce gouvernement était imposé par les puissances étrangères victorieuses et s'il était accepté comme un soulagement par la nation que vingt années de guerre venaient d'épuiser, il n'en était pas de même de l'armée et de ses chefs.

Ceux-ci perdaient les grandes situations que

3.

l'Empire avait su leur faire et ils supportaient impatiemment la présence au pouvoir de ceux-là même qu'ils avaient combattus et qui aujourd'hui les dominaient.

Aussi était-il facile de prévoir qu'ils saisiraient toutes les occasions de renverser, même par la force, le nouveau régime qu'ils abhorraient. La Restauration avait tout à redouter d'eux : c'étaient des hommes considérables par la valeur et la réputation, sûrs d'entraîner leurs soldats qui les admiraient, habitués aux décisions promptes et les exécutant avec la plus extrême vigueur.

Et ce n'étaient pas là des craintes chimériques : on venait de voir l'armée toute entière se précipiter avec enthousiasme au-devant du débarqué de Cannes et la paix rétablie, tous les jours de nouvelles conspirations se découvraient.

Le gouvernement avait un premier besoin, celui de vivre ; ses ennemis les plus redoutables étaient les chefs militaires : il fallait à tout prix les réduire à l'impuissance. Toute autre considération devait s'effacer devant cette nécessité impérieuse.

Telle fut l'œuvre entreprise par Gouvion-Saint-Cyr, homme d'une intelligence supérieure, et la création de l'intendance militaire fut le moyen principal qu'il employa à cet effet et qui réussit pleinement.

Il savait qu'en confiant les attributions des commissaires des guerres à des fonctionnaires indépendants, le pouvoir des généraux cessait d'être réel.

On leur retirait un des rouages essentiels de leur machine ; ils se trouvaient dès lors dans l'impossibilité de la mettre en action.

La réglementation organique du nouveau corps fut arrêtée dans cet ordre d'idées et admirablement comprise pour le but qu'on se proposait.

On établit tout d'abord l'indépendance absolue des intendants vis-à-vis des chefs militaires, il est vrai à l'intérieur et en temps de paix seulement, mais on comptait bien ne pas faire la guerre de longtemps.

La situation des nouveaux fonctionnaires allait être délicate, il fallait des hommes mûrs et bien au courant des choses de l'armée ; on décida qu'ils ne seraient recrutés que parmi les officiers déjà arrivés à un certain grade.

Il fallait des hommes dont les antécédents et les attaches répondissent de l'avenir ; on décida

que le choix en serait fait par une commission
opérant sans publicité et que le ministre se ré-
servait le soin de former.

Il fallait des hommes capables, parce qu'ils
allaient être entourés d'ennemis qui tâcheraient
de les prendre en faute; on décida de leur accorder des avantages assez grands pour attirer au
concours les officiers les plus instruits et les plus
intelligents de l'armée.

Il leur fallait des suppléants pour le cas où ils
ne pourraient opérer eux-mêmes ; on décida que
ces suppléants seraient les sous-préfets et les
maires, tous gens à la dévotion du pouvoir et
encore les attributions de ces suppléants furent-
elles fort restreintes.

Tous les personnels administratifs militaires
furent bien et dûment avertis qu'ils n'avaient à
connaitre d'autre autorité que celles des intendants et que leurs positions étaient dans leurs
mains. Pour mettre la chose bien en évidence,
on leur enleva toute correspondance ou assimi-
lation de grade.

Toutes les autorités civiles, les fournisseurs, les
agents de toute sorte qui ont rapport avec l'armée,
furent prévenus qu'ils n'avaient à déférer à aucun

or lre, réquisition ou demande de l'autorité militaire qui ne leur fût transmis par l'intendance, à peine d'être blâmés et de ne recevoir aucun payement de leurs services et fournitures.

Enfin, on décida que les officiers une fois admis dans le corps de l'intendance n'en sortiraient plus ; on en fit ce qu'on a appelé depuis un corps fermé. Cette précaution était nécessaire, parce qu'il était à prévoir qu'en laissant aux officiers de l'intendance la faculté de rentrer dans les troupes, ils s'empresseraient d'en profiter après avoir franchi rapidemment les grades les moins élevés. Cette perspective les eût mis dans la dépendance morale des généraux qui auraient pu ainsi redevenir leurs chefs.

Telle fut dans son ensemble la formation principale adoptée par Gouvion-Saint-Cyr pour mettre les chefs militaires dans l'impossibilité d'agir contre le gouvernement qu'il représentait.

Dans les discussions qui ont précédé le vote de la loi de 1882 sur l'administration de l'armée, un député s'avisa de dire que l'indépendance des intendants devait être maintenue attendu qu'elle était une garantie contre les tentatives qu'on pourrait un jour faire pour renverser violemment le gouvernement établi.

Il fut aussitôt vertement tancé par un autre honorable, lequel déclara péremptoirement, aux applaudissements de ses collègues, que si jamais un général voulait faire marcher ses troupes contre le gouvernement, ce n'est pas son intendant qui l'en empêcherait.

Cet inconscient s'imaginait sans doute que la fonction de l'intendant eût consisté en pareil cas à se précipiter au-devant des soldats, les bras levés au ciel, en les adjurant au nom de Dieu et des hommes d'avoir à ne pas seconder les tentatives criminelles de leurs chefs.

Le rôle de l'intendant eût été moins burlesque et beaucoup plus simple : il eût donné congé à son personnel et se fût retiré lui-même en mettant son cachet officiel dans sa poche et ses archives en lieu sûr. Il eût ainsi mis le général dans l'alternative de laisser ses soldats sans manger ou d'improviser, de toutes pièces une administration, deux solutions aussi impraticables l'une que l'autre.

Ce dernier était donc condamné à l'immobilité.

Voilà comment le procédé de Gouvion-Saint-Cyr réussit et pourquoi les nombreuses conspirations militaires qui marquèrent l'époque de la Restauration échouèrent toutes misérablement.

Et tel était l'état des esprits que chaque fois qu'une de ces conspirations était découverte, ceux qui avaient refusé de s'y associer et fait leur devoir en signalant ces tentatives devenaient l'objet de la haine et du mépris général.

On ne pouvait les laisser dans un régiment, où tous leurs collègues leur eussent envoyé un cartel, et on les mettait dans la gendarmerie.

C'est l'origine de la déconsidération de cette arme, déconsidération qui n'est pas éteinte aujourd'hui et se traduit encore par les plaisanteries saugrenues que l'on sait.

Tout cela est bien oublié maintenant, et les braves gendarmes ne se doutent guère que c'est à Gouvion-Saint-Cyr qu'ils doivent la réputation légendaire de leurs bottes.

Il est certain que ce grand ministre ne s'abusait pas sur la valeur de son œuvre. Dans sa pensée, elle ne pouvait être que provisoire et devait se transformer quand les circonstances qui en avaient amené la création disparaîtraient.

Comme expédient, c'était merveilleux; comme
organisation définitive, c'était funeste et devait
avoir les plus déplorables conséquences.

Malheureusement, parmi ses successeurs, aucun
n'a eu la hauteur de vues ni les capacités nécessaires pour apprécier sainement ces graves questions. Il semble même que leur insuffisance n'ait
cessé de suivre une marche progressivement
croissante.

La suite de cette étude va faire voir comment
se sont produits les résultats funestes de l'œuvre
de Gouvion-Saint-Cyr et comment les vices d'organisation qui les ont amenés ont été scrupuleusement maintenus jusqu'à ce jour, nonosbtant de
prétendues améliorations ou réorganisations.

Et comme quoi ces prétendues réorganisations
n'ont été autre chose que la satisfaction la plus
large donnée aux appétits et aspirations de divers
cherchant à tirer pour leur avantage particulier
le meilleur parti des malheurs publics.

X

La vitesse est l'élément principal de succès à la guerre. Le général qui parvient à faire mouvoir ses troupes avec une vitesse plus grande que son adversaire est le maître d'atteindre et de n'être pas atteint, de donner ou d'éviter la bataille suivant qu'il juge ses chances favorables ou non. Les combinaisons stratégiques qui donnent les plus grands résultats sont celles qui permettent de rencontrer l'ennemi avant qu'il ait terminé la concentration de ses troupes ; elles nécessitent de développer au maximum la vitesse de marche des armées.

Les plus grands stratèges ne peuvent réussir à faire marcher une armée d'une manière continue, sur un parcours étendu, avec une vitesse égale à celle qu'on obtiendrait du plus médiocre piéton voyageant seul sur une route ordinaire.

Il y a donc une cause qui retarde toujours la marche des armées : cette cause est la nécessité de pourvoir à la subsistance des hommes et des animaux.

Si des troupes peu nombreuses opéraient dans un pays riche et non encore épuisé, elles pourraient à la rigueur trouver le moyen de vivre en utilisant les ressources rencontrées sur leur parcours. Dans ce cas, la vitesse de marche n'aurait d'autre limite que celle imposée par la fatigue des hommes et des chevaux.

Mais il n'en est point ainsi d'ordinaire. Les ressources locales sont limitées ; si l'effectif à pourvoir est élevé, elles ne peuvent plus fournir qu'un appoint dont l'importance relative est d'autant moindre que les masses en mouvement sont plus considérables.

Dès qu'on opère avec de grandes forces, il faut tirer de l'arrière la plus grande partie des approvisionnements. C'est la nécessité d'attendre l'arrivée de ces approvisionnements qui est la cause des retards et l'art du stratège consiste à les réduire au minimum.

Ceci amène à exposer, dans ses grandes lignes, le mécanisme de l'alimentation des armées en campagne.

Tous les pays où la guerre par masses est possible sont sillonnés de voies de communication telles que rivières, canaux et chemins de fer, pouvant permettre les transports de grand tonnage ; on utilise ces voies pour apporter aux armées les choses nécessaires à leur subsistance.

Mais ces grandes voies n'accèdent pas partout ; de plus, il arrive ordinairement que par suite des opérations de guerre elles ont été temporairement mises hors de service dans la zone immédiate des armées.

On ne peut donc compter, comme moyens de transport dans cette zone, que sur les voitures attelées marchant sur les routes ordinaires.

Ces voitures, organisées en convois, servent à mettre l'armée en communication avec des magasins mobiles qui la suivent à distance et où les convois viennent se ravitailler après avoir porté leur chargement aux troupes à desservir. La marche des convois se fait ainsi par mouvements alternatifs en avant et en retour, — en avant pour apporter, — en retour pour aller recharger.

Les convois ont donc à parcourir, en sus des troupes, le double de leur mouvement de retour ; l'importance du retard qu'ils causent est par suite en rapport constant avec la fréquence et l'amplitude de ce mouvement.

On voit que le retard dans la marche de l'armée est inévitable, car il faut nécessairement que les convois retournent au ravitaillement pour pouvoir apporter à nouveau ; il est clair aussi qu'on diminue autant que possible ce retard en réduisant au minimum d'une part l'étendue, de l'autre le nombre de ces mouvements de retour des convois.

On en réduit le nombre en tirant le meilleur parti des ressources qu'on peut trouver sur place. Ainsi un corps d'armée a un convoi portant, en rations complètes, deux jours de vivres. Si ce corps vit exclusivement sur son convoi, celui-ci sera obligé de retourner au ravitaillement de deux jours l'un. Si au contraire les troupes parviennent à trouver sur place un troisième jour de vivres, le convoi n'aura plus à faire son mouvement de retour que de trois jours l'un, la fréquence de ces mouvements sera réduite dans la proportion de 2 à 3.

On réduit l'étendue de ces retours, en tenant au plus près la distance des magasins de ravitaillement aux troupes. D'après cette donnée, il semblerait que la meilleure solution serait de maintenir ces magasins à très courte distance de l'armée dont ils devraient par conséquent suivre tous les mouvements.

Mais ici intervient un nouveau facteur ; c'est la capacité productive de ces établissements. Pour qu'un magasin de ravitaillement puisse livrer aux convois, il faut d'abord qu'il ait produit, c'est-à-dire qu'il ait réuni les denrées nécessaires et qu'il leur ait fait subir les préparations destinées à permettre la mise en consommation immédiate.

Pour obtenir ce résultat, il faut que le magasin soit en communication facile avec les zones d'où il tire ses ressources et comme ces ressources sont d'un tonnage considérable, il a besoin d'être relié avec les grandes voies de communication encore en état de fonctionner.

Il faut de plus qu'on ne le déplace pas trop souvent parce qu'à chaque déplacement, correspond une perte de production, résultant non seulement du temps matériel employé au transport de l'établissement, mais encore de la période de nouvelle installation.

En effet, un magasin de ravitaillement qui vient d'être changé de position ne commence pas

à produire aussitôt après son arrivée. Il lui faut
en préalable assurer sa communication avec les
grandes voies de transport et organiser ses
moyens de manutention; c'est une période morte,
peu ou point productive.

La détermination des positions successives à
faire occuper par les magasins de ravitaillement
n'est donc point arbitraire, elle est commandée
par des circonstances de temps et de lieu dont les
principales sont l'importance et l'état des voies
de transport et la nature des moyens dont on dispose pour les manutentions.

Deux intérêts opposés sont en présence.

D'une part l'intérêt de la production qui veut
que les magasins soient déplacés le moins possible
et tenus hors du voisinage de l'armée où les voies
de transport sont habituellement dégradées ou
détruites.

De l'autre l'intérêt de la vitesse de marche des
troupes qui nécessite le rapprochement des magasins et leur déplacement continuel.

Le sacrifice partiel du premier de ces intérêts
entraîne pour l'armée les privations et les souffrances ; s'il est complet, on arrive à l'affamer.

Cependant, on a vu de grands homm   de

guerre abandonner momentanément leur base de ravitaillement. Mais il s'agissait alors d'opérations brusques et décisives, toujours de courte durée et dont le sort de la guerre dépendait.

Ils savaient quelles souffrances ils allaient imposer à leurs soldats et il fallait la grandeur du but pour les y déterminer.

Toutes ces opérations sont célèbres par l'importance du succès ou celle du désastre. Il faut étudier par le détail celles qui ont réussi pour se rendre compte de toutes les précautions prises pour atténuer les inconvénients du manque d'approvisionnements ; du soin minutieux avec lequel étaient réglées les manœuvres préparatoires pour arriver à ne concentrer qu'au dernier moment, afin de laisser aux groupes le plus de terrain possible à exploiter sur le parcours. Et encore, ces grands généraux ne se décidaient-ils à recourir à de telles extrémités que parce qu'ils se sentaient sûrs du dévouement et de la victoire de leurs troupes, n'ignorant point qu'en pareil cas un simple échec se transforme aussitôt en une irrémédiable déroute.

Même dans ces circonstances exceptionnelles, ils

ne perdaient point de vue la nécessité administrative de pourvoir.

Eux-mêmes savaient bien que ce n'est pas là une méthode. C'est un expédient qui peut être un trait de génie, mais qu'on ne saurait exiger en règle.

La méthode rationnelle, c'est d'attendre l'arrivée de ses approvisionnements pour marcher, parce qu'il faut manger pour vivre, et de régler le fonctionnement du service pour que cette attente cause le moins grand retard possible au mouvement général.

Le moyen, c'est d'abord d'exploiter avec la plus grande habileté les ressources locales pour n'avoir à demander que le moins possible aux magasins de l'arrière. Ensuite de développer au maximum la force productive de ces établissements pour être moins limité, quant au besoin de les raccorder avec les grandes voies et à la fréquence de leurs déplacements, en d'autres termes en arriver à les faire suivre au plus près et le plus exactement que faire se peut le mouvement général de l'armée.

Tel est le problème du stratège.

En théorie, c'est assez simple.

C'est simple comme l'histoire de la bataille de

Trasimène racontée à ses élèves par le professeur de sixième.

« Les Romains, dit ce respectable magister, étaient plus nombreux, bien pourvus d'armes et de machines de guerre, leur cavalerie était puissante : la perte des Carthaginois semblait certaine.

« Mais Annibal employa un stratagème, et les Romains furent mis en déroute. »

Ce n'est pas plus difficile que cela. Vous êtes peu nombreux et mal armés, vous n'avez qu'à employer un stratagème et la victoire est à vous. Si cet imbécile de Flaminius avait eu l'idée de s'en procurer un, c'eût été tout le contraire, mais il n'y songea point et il y perdit la bataille et la vie.

Le professeur de sixième n'oublie qu'un point, c'est qu'il ne suffit pas d'avoir un stratagème : il faut encore la manière de s'en servir.

Il en est de même pour les services administratifs. Pour les employer habilement, il ne suffit pas d'avoir étudié leur fonctionnement dans les livres, il en faut une connaissance plus approfondie et qui s'acquiert seulement, par une pratique prolongée.

C'est que les règles n'en sont pas fixes, elles varient dans leur application suivant une infinité de circonstances, jamais les mêmes, et qui toutes influencent plus ou moins les résultats à prévoir et à obtenir.

Ainsi, prenez la question de l'exploitation des ressources locales : il faut pouvoir apprécier leur importance et ce n'est pas déjà chose facile, car cette importance peut varier énormément d'un jour à l'autre. Au lendemain d'une récolte fourragère, l'approvisionnement des habitants est considérable ; à la veille, il était nul, le stock de la récolte précédente achevant de s'épuiser. Ainsi à un moment donné on aura pu trouver sur place de quoi faire subsister sa cavalerie : un mois avant, au même endroit et dans les mêmes circonstances, il aurait fallu faire venir tous les fourrages par convois. Et il faut tenir compte des accidents de toute sorte qui modifient journellement la situation. D'ailleurs, on n'utilise jamais toutes les ressources locales : la partie qu'on en peut obtenir varie elle-même avec le mode de réquisition employé, avec les dispositions des habitants, avec la durée du stationnement des troupes. Toutes ces considérations sont des plus complexes.

La question se complique encore quand il faut déterminer la capacité productive des magasins de ravitaillement. D'abord, comme pour la zone de parcours des troupes, il faut évaluer le parti qu'on peut tirer des ressources locales. Ensuite apprécier les facilités et le temps pour amener des zones éloignées le complément nécessaire. Enfin, choisir les meilleurs moyens de production, les appliquer en les modifiant suivant les lieux et les circonstances, et en prévoir le rendement.

Toutes ces considérations sont d'ordre administratif.

Et il ne s'agit pas d'à peu près.

Toute fausse mesure qui tend à réduire la production, toute appréciation forcée du résultat à obtenir, se traduit par une insuffisance des choses nécessaires à la subsistance de l'armée et les privations qui en résultent.

L'erreur contraire amène à produire un excès inutile de ressources ; mais cet excès est obtenu par une occasion manquée de rapprocher les magasins des troupes, un parcours trop long imposé aux convois, et comme conséquence, un ralentissement dans la marche de l'armée.

Et comme de son côté l'adversaire fait aussi les

plus grands efforts pour obtenir le maximum de vitesse, c'est en définitive à celui qui parvient à mieux résoudre le problème que l'avantage est assuré.

Il n'est pas exagéré de dire que le problème du stratège soulève les questions les plus difficiles et les plus compliquées qu'il soit donné à l'esprit humain de résoudre.

Une armée et ses moyens de pourvoir forment un tout dont on ne peut mouvoir un élément à l'exclusion de l'autre ; le plus lent doit nécessairement régler la marche du plus rapide.

C'est un attelage à deux, où le cheval le plus vite est forcé de conformer son allure à celle de l'autre.

Si le conducteur de cet attelage veut arriver au maximum de vitesse, c'est de l'animal le plus lent qu'il devra s'attacher à développer les moyens.

Dans une armée, la marche des moyens de pourvoir est nécessairement plus lente que celle des troupes qui sont obligées de les attendre ; c'est donc leur agencement qui a l'influence principale sur la marche du tout.

La conduite d'une armée à la guerre est un problème complexe où la considération administrative est la dominante.

XI

DE LA SUBORDINATION DE L'ADMINISTRATION AU COMMANDEMENT

On a fait grand bruit, dans ces derniers temps, d'un prétendu principe dit de la subordination de l'administration au commandement.

On ne dit pas de quelle administration il s'agit, si c'est de celle qui a trait aux moyens de contrôle ou aux moyens de pourvoir; c'est laissé au choix des personnes. On se garde aussi de définir ce qu'on entend par le mot : commandement.

En langage ordinaire, commandement signifie l'action de commander et par extension les personnels ou le territoire sur lesquels s'exerce cette action de commander ; on dit qu'une compagnie est le commandement d'un capitaine; une division ou une province celui d'un général.

On ne subordonne pas quelqu'un ou quelque chose à l'action de commander non plus qu'un

4.

territoire ; la formule d'une « évidence incontestable » est vide de sens.

C'est même ce qui fait son succès.

Quand une phrase n'a pas de sens, chacun est le maître d'y trouver ce qui lui plaît le mieux ; c'est le meilleur moyen qu'on ait encore découvert pour satisfaire tout le monde.

On peut donc trouver tout ce que l'on veut dans la fameuse formule ; il y a même une idée juste : voyons d'abord à la dégager.

Que celui qui commande une armée doive aussi commander aux moyens de la pourvoir, c'est l'évidence même. Admettre le contraire serait admettre que des troupes peuvent se passer des moyens de vivre; ne pas donner au tout une direction commune équivaudrait à supprimer toute direction.

Une armée se compose de plusieurs unités organisées administrativement, c'est-à-dire pourvues des services administratifs à elles spécialement affectés : il tombe encore sous le sens que le tout doit être soumis à la même autorité dans chacune d'elles.

Il est donc rationnel de dire :

Que le commandement d'une armée, ou d'une

place, ou d'une unité organisée administrative·
ment comporte non seulement la direction des
troupes, mais encore celle des services spécialement affectés à cette armée, à cette unité, à cette
place.

Mais il faut se garder d'aller plus loin, sans
quoi bien loin d'affermir l'unité de direction, on
la détruirait.

C'est ce à quoi on arrive avec une formule
vague d'où chacun peut tirer les conséquences les
plus avantageuses à ses intérêts, les plus concor-
dantes à ses idées vraies ou fausses, les plus
flatteuses pour sa vanité.

Un caporal exerce un commandement, celui
de son escouade ; rien ne l'empêche, de par la
fameuse formule, de requérir de tout service
administratif à sa portée toute fourniture que bon
lui semblera, pour lui et pour ses hommes, sous
prétexte que, étant commandement, l'administration n'a autre chose à faire que deférer à ses
ordres.

On n'en est pas encore là, mais on n'y vient Il
n'y a chef de petit poste ou commandant d'étapes
qui ne se croie tous les droits possibles d'intervenir dans les opérations administratives qui

s'exécutent autour de lui, comme si ces opérations avaient pour but unique d'assurer les besoins de son petit service, et non ceux de bien d'autres qu'il compromet.

Ce n'est pas l'unité ni la dualité, c'est la diffusion de la direction.

Ce qu'il y a de plus fâcheux dans le vague d'un principe ainsi exprimé, c'est qu'il semble confirmer une opinion aussi répandue que fausse et des plus funestes dans ses conséquences.

Le vulgaire ne voit dans ce qu'on appelle commandement que la conduite des troupes, et il est porté à croire que rien ne peut s'opposer à ce que le fonctionnement des services dits accessoires soit réglé sur leur marche, laquelle serait à diriger exclusivement d'après des considérations tactiques.

A ce compte, un commandant d'armée voulant ordonner ses mouvements pour l'action la plus vigoureuse n'aurait à se préoccuper d'aucune considération administrative, et il lui suffirait d'avertir son administrateur sans s'inquiéter de savoir si les opérations incombant à celui-ci seraient exécutables.

Eh bien ! non, et trois cent mille fois non.

Quand bien même tous les législateurs du monde se trouveraient réunis pour décréter, d'accord unanime, un pareil principe, il en serait de leur décision comme de rien, parce qu'il n'est pas au pouvoir de l'homme de changer les règles de la nature.

Tant que l'homme aura besoin de manger pour vivre, tout ce qu'il pourra entreprendre sera soumis à cette nécessité inéluctable.

Tant qu'on n'aura pas réussi à se soustraire aux besoins de la vie, il faudra, bon gré mal gré, que les chefs d'armée subordonnent leurs conceptions aux moyens d'y satisfaire.

Et s'il ne trouve un fou — et il s'en est trouvé — pour méconnaître des vérités aussi évidentes, les tentatives qu'il pourra faire n'aboutiront jamais à autre chose qu'à des catastrophes.

XII

En organisant l'intendance militaire, en faisant de ce corps un corps fermé, Gouvion-Saint-Cyr lui avait constitué le monopole des services administratifs, il avait créé le dualisme.

Le dualisme est-le défaut d'entente entre les éléments dont les opérations sont à combiner : les troupes et les moyens de pourvoir.

En scindant les officiers en deux catégories séparées par une barrière infranchissable, en leur répartissant les services divers dont l'ensemble constitue l'armée, ce ministre avait mis les uns comme les autres dans l'impossibilité d'acquérir pratiquement les connaissances diverses dont la réunion seule peut rendre un homme capable d'exercer un grand commandement.

Le dualisme ne résulte pas de la non-subordination de l'administration au chef militaire, il résulte de l'absence chez ce chef militaire des connaissances administratives, sans lesquelles il est hors d'état de combiner des opérations rationnelles.

Jamais on n'a contesté nulle part que pendant la guerre l'autorité du chef militaire sur les services administratifs, comme sur le reste, ne dût être absolue.

Ce droit a toujours été établi en France par les textes les plus formels et il suffit pour s'en convaincre de rappeler les termes mêmes de l'ancienne ordonnance sur le service des armées en campagne (1).

Art. 17. — L'ordre de pourvoir et de distribuer constitue avec les opérations militaires la responsabilité des généraux. . . .

Si les généraux donnent l'ordre de pourvoir et de distribuer, c'est donc que ceux qui sont chargés de ce soin ont à s'y conformer.

Si le dualisme était le résultat de la non-subordination de l'administration au chef militaire,

(1) *Ordonnance du 3 mai 1832.*

c'est à la guerre où cette subordination est absolue que ses effets ne se produiraient pas.

Or, c'est précisément le contraire qui a toujours eu lieu : c'est à la guerre et seulement là que ce manque d'entente, ce dualisme, n'a cessé d'amener les conséquences les plus désastreuses.

Et si on s'est bien rendu compte du rôle stratégique de l'administration, rôle qui est d'importance majeure et que j'ai exposé le plus clairement que j'ai pu, on comprendra qu'avec des chefs militaires auxquels l'éducation administrative fait défaut, il n'en peut être autrement.

Mettez un outil délicat et compliqué aux mains d'un ouvrier intelligent tant qu'il vous plaira, mais qui n'en aura pas la pratique, il est évident que ses tentatives pour en tirer parti ne sauraient aboutir qu'à des résultats dérisoires.

Et qu'il sera dans l'alternative ou d'essayer de s'en passer, ou de prier quelqu'un de ceux qui en connaissent le maniement de vouloir bien guider ses timides essais ; encore, dans ce dernier cas, l'effet obtenu sera-t-il bien médiocre.

C'est là ce qui arrive aux généraux dont l'éducation administrative est nulle ou incomplète, ils n'ont que le choix ou d'abandonner l'instrument, ou de s'associer celui qui en a la pratique.

Abandonner l'instrument, c'est mettre de côté dans ses combinaisons la préoccupation des moyens de pourvoir, c'est s'en remettre au hasard du soin de nourrir ses troupes.

Le hasard ici est représenté par les ressources locales qu'on exploite en passant et par les circonstances accidentelles qui peuvent permettre, par cas, d'établir une communication entre les magasins de ravitaillement et les troupes — une voie ferrée qui se trouvera à propos les réunir et d'aventure sera restée intacte — un ralentissement dans la marche dont on essayera de profiter pour lancer un convoi auquel on fera doubler ou tripler les étapes.

Avec ce système, on peut aller vite ; mais, à moins de miracle, on ne va pas loin.

On peut même en obtenir de grands résultats, au prix de grandes souffrances, pourvu qu'il ne se prolonge pas trop longtemps.

Mais on s'expose à un danger terrible, car dans ces conditions, tout échec devient inévitablement un désastre ; ceci est facile à comprendre.

En comptant à peu près uniquement sur les ressources locales pour faire vivre ses troupes, on se met dans la nécessité de les déplacer tous les jours, pour en trouver de nouvelles.

Cela peut aller à peu près, tant qu'on a des succès ; mais, survienne un échec, il faut s'arrêter.

Impossible d'aller à droite ou à gauche, ce qui conduirait à faire une marche de flanc devant un ennemi qui vient de remporter un avantage, la plus grande imprudence qu'on puisse commettre à la guerre.

Impossible de stationner, ce qu'on a trouvé pour vivre, déjà insuffisant le premier jour n'existe plus les suivants.

Il faut donc reculer.

Et reculer à travers un pays qu'on vient déjà de parcourir, c'est-à-dire d'épuiser et où on ne peut plus subsister.

C'est la déroute.

A moins qu'il n'y ait dans le voisinage un lieu de refuge et de ravitaillement représenté par une forteresse avec ses magasins, sur laquelle on n'a plus qu'à se rabattre en toute hâte.

Le résultat n'est que retardé.

En effet, l'expérience de tous les temps et de tous les pays montre qu'une armée qui s'est retirée dans une forteresse est une armée perdue, qui ne tarde pas à s'affaiblir et à se démoraliser et finit toujours par une capitulation.

Capitulation ou déroute, dans un cas comme dans l'autre, le résultat est invariable, c'est l'anéantissement total de l'armée.

Telle est la conséquence fatale de toute combinaison stratégique dans laquelle on a omis de tenir compte de l'élément administratif, c'est-à-dire de la nécessité de pourvoir.

Il y a l'autre méthode, l'association d'un idoine, les résultats en sont moins mauvais, mais ils sont encore loin d'être bons.

La difficulté n'est pas pour le chef d'une armée de concevoir des opérations à grand effet; le premier venu peut le faire; en temps de guerre, il n'y a pas une table de café où l'on n'entende discuter des plans merveilleux auxquels il ne manquerait pour réussir que d'être exécutables.

Chez le chef militaire aussi, les idées viennent en foule, mais il faut trouver la bonne, c'est-à-dire écarter celles qui ne sont pas praticables et choisir parmi les autres celle qui doit produire le meilleur effet.

Si pour savoir quelle combinaison est exécutable un commandant d'armée est obligé d'exposer à un collaborateur et de discuter avec lui toutes celles qui lui viennent à l'esprit, il est clair que les résultats d'une pareille association ne pourront être que médiocres et tardifs.

On arrivera, par ce moyen, à faire en sorte que des échecs, même réitérés, n'entraînent pas la destruction totale de l'armée, mais il faudra renoncer aux grandes combinaisons pour lesquelles il est nécessaire de saisir le moment propice, ce qui exclut l'idée d'études préalables et contradictoires.

Il n'y a donc qu'une solution admissible, c'est que le chef d'une armée soit lui-même administrateur.

Ce n'est pas le tout de savoir mettre en œuvre les troupes sur le champ de bataille, ce n'est même pas le principal, l'essentiel est de savoir les y amener en temps utile et en nombre suffisant.

Voilà la théorie.

Reste à voir si elle est confirmée par l'expérience et pour ce faire, passer en revue les événements militaires qui se sont produits depuis l'adoption en France des créations de Gouvion-Saint-Cyr.

XIII

L'ÉCOLE D'AFRIQUE

Les premières opérations militaires qui suivirent le gouvernement de la Restauration furent celles auxquelles donna lieu la conquête de l'Algérie. On peut ranger dans le même ordre, au point de vue stratégique, les expéditions diverses· entreprises en pays lointains et où on avait à lutter, avec de faibles effectifs contre des ennemis nombreux mais dépourvus d'organisation sérieuse.

Les habitudes contractées par les chefs militaires, en suite des opérations de ce genre, ont reçu le nom générique d'École d'Afrique.

« Détestable école » a dit le maréchal de Moltke. Le mot a été répété, mais personne ne s'est donné la peine d'approfondir la pensée de ce grand homme de guerre.

Les guerres d'Afrique et similaires ont été

admirables pour développer au plus haut degré les qualités militaires des troupes.

C'est qu'on était dans la nécessité d'une vigilance continuelle, le besoin de décisions promptes et énergiques, l'impossibilité de faiblir devant un ennemi toujours plus nombreux et qui n'accordait pas de quartier.

Aussi, la vigueur morale et physique, la confiance inébranlable dans le succès, le mépris du danger étaient le partage des hommes formés à cette école.

Mais si les chefs se distinguaient par les mêmes qualités que les soldats, en revanche, ils avaient été amenés par la nature même des circonstances où ils se trouvaient à reléguer au second rang les considérations jugées par eux accessoires, à n'accorder qu'une importance secondaire à l'organisation des moyens de pourvoir et de ce fait ils étaient devenus impropres à la grande guerre.

Ce n'est pas que le problème du stratège n'existe aussi en Afrique; là, pas plus qu'ailleurs, on ne peut se passer de manger, mais il est réduit à un tel degré de simplicité qu'il n'est pas nécessaire pour le résoudre d'avoir fait des moyens admi-

nistratifs de pourvoir une étude spéciale et prolongée.

La conquête de l'Algérie s'est faite par une
série d'occupations successives. A mesure qu'on
s'était rendu maitre d'un nouveau territoire, on y
installait un ou plusieurs postes fortifiés qui
devenaient autant de points de ravitaillement.

S'agissait-il de comprimer une révolte, les
troupes en opérations n'étaient jamais assez éloignées d'un de ces postes pour être embarrassées
d'y faire prendre des provisions.

Si l'ennemi vaincu cherchait à gagner le large,
on adjoignait à la colonne, jamais très nombreuse,
chargée de la poursuite un nombre suffisant de
bêtes de somme pour porter les vivres et les muni-
tions.

On n'avait qu'à déterminer le nombre des bêtes
de somme d'après l'effectif de la colonne et le temps
présumé de l'expédition ; le calcul est des plus
simples. Avec ce système il n'y a ni difficultés ni
embarras, ni rien qui limite la vitesse dé marche
des troupes; le convoi les accompagne jusqu'au
bout.

L'opération la plus considérable qui ait été
pratiquée en ce genre, comme effectif et comme

distance, a été la marche d'une colonne dirigée d'une seule traite, à la fin de 1881, de Tébessa sur Kérouan en Tunisie.

On mettait en mouvement six mille hommes de troupes, armée énorme pour le pays. On appliqua le calcul ci-dessus et on trouva qu'il fallait emmener huit mille bêtes de somme.

Ainsi fut fait.

Comme conception militaire, c'était ridicule; supposez un ennemi sérieux, l'armée toute entière ne suffisait pas à garder son convoi et si l'ennemi n'était pas sérieux, un pareil développement de forces était bien exagéré.

Soyez d'ailleurs convaincu que l'organisateur de cette machine n'a pas manqué de se considérer à part lui comme un grand administrateur.

On voit que, dans cet ordre d'idées, la question des moyens de pourvoir devient simple affaire de dépense et qu'il est inutile de l'examiner à un autre point de vue.

Inutile aussi de se préoccuper des ressources locales, il n'y en a pas, ce qui simplifie encore la question.

Il n'y a rien d'aussi parfait que cette manière d'opérer pour confirmer chacun dans cette idée aussi fausse que généralement répandue en France, à savoir que la question tactique prime tout à la guerre et que c'est affaire à l'administration de s'arranger comme elle l'entend pour le reste.

La première grande guerre qui fit suite à l'occupation de l'Algérie fut celle de 1854 contre les Russes.

Par une singularité unique dans l'histoire, cette guerre, qui fut longue, se réduisit toute entière au siège d'une place maritime, laquelle ne fut pas même investie.

La question administrative y fut nulle comme difficulté ; les alliés que leur puissante marine rendait maîtres de la mer n'avaient aucun souci à en prendre. Il était facile d'amener par navires tous les approvisionnements nécessaires, l'armée étant postée à demeure à faible distance du point de débarquement.

Au reste, les troupes formées à l'école d'Afrique se comportèrent admirablement. Jamais soldats ne donnèrent tant de preuves de courage dans les combats, de patience et d'abnégation.

Aussi, la nation conçut-elle la confiance la plus absolue dans la valeur de son armée.

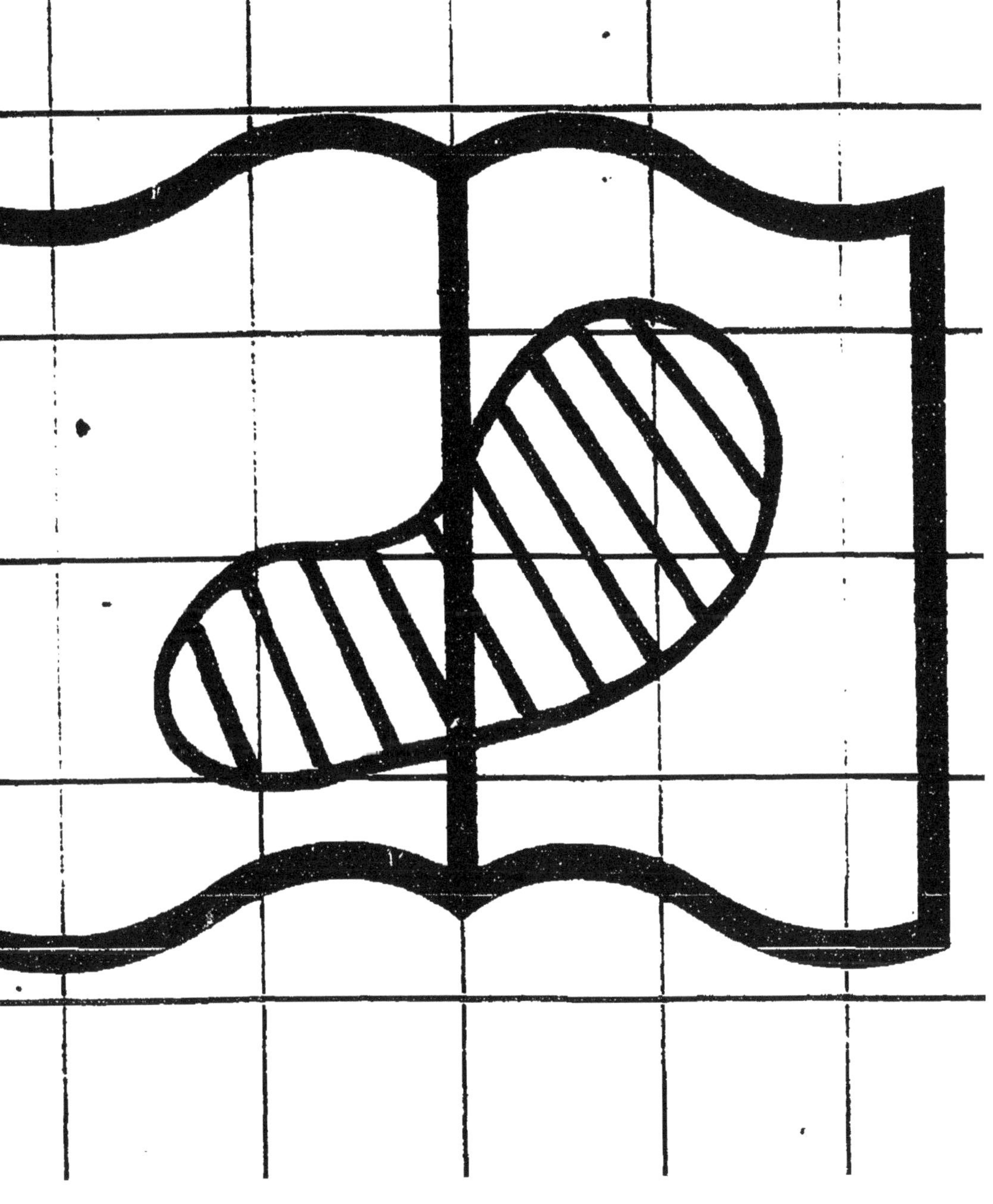

Si par valeur on entend vaillance, cette confiance était amplement justifiée.

Mais on ne pouvait conclure au delà ; rien encore n'avait eu le caractère de véritables opérations stratégiques.

Jusque-là, rien par conséquent qui justifie les théories que j'ai émises, mais rien qui les infirme non plus ; on va voir par la suite quelle en a été la douloureuse consécration.

XIV

LA GUERRE DE 1859 EN ITALIE

Ce n'est qu'en 1859 que le second Empire fit pour la première fois la grande guerre, la guerre de marches et de manœuvres, dans les plaines de la Lombardie, si célèbres dans nos fastes militaires.

L'histoire n'offre pas de spectacle plus merveilleux que celui de ces soldats, admirables de confiance et d'entrain, volant de victoire en victoire, traversant d'une haleine l'Italie des Alpes à l'Adige, poussant sans cesse devant eux un adversaire formidable, illustrant par de nouveaux exploits les lieux témoins de la gloire de leurs pères, écrasant enfin l'ennemi à l'endroit choisi par lui pour se concentrer et combattre.

Un mois avait suffi pour lui imposer l'abandon de toutes ses provinces, jusqu'au point même où l'armée venait d'arrêter sa marche victorieuse.

Il était temps.

Car sous ces triomphes et cette gloire, il y avait une misère profonde. Depuis le commencement jusqu'à la fin de la campagne, partout, les choses les plus indispensables avaient manqué. Les dispositions avaient été si mal prises que, pendant que les troupes attendaient vainement leurs distributions, sur les derrières, à Pavie, à Lodi, à Brescia, les rations s'accumulaient par millions sans profit pour personne. On finissait par les brûler ou les vendre à vil prix et cependant les soldats en étaient réduits pour vivre à implorer la charité des habitants.

Et telles avaient été les souffrances, que l'ivresse de la victoire n'avait pas suffi à les faire oublier et que les plaintes éclataient.

Aussi, pendant que les uns et les autres se congratulaient, se répartissant titres et dignités ; que généraux et soldats étaient félicités et portés aux nues dans les rapports officiels, seul l'administrateur de l'armée était réprimandé et recevait de l'Empereur une lettre de blâme qui fut fameuse en son temps. On lui reprochait d'avoir eu recours à des méthodes surannées et de n'avoir pas su tirer parti des ressources du pays pour assurer l'alimentation de l'armée.

Ces idées avaient été vraisemblablement inspirées par le général jugé le plus capable, celui qui avait dirigé les opérations de la campagne.

Ce guerrier, que les lauriers écrasaient, ne semblait pas se douter qu'il y eût un problème du stratège.

La difficulté, pour l'intendant général Paris de la Bolardière n'était pas d'avoir ses magasins remplis, elle était de les maintenir en communication avec les troupes. Or, cela ne se pouvait faire qu'autant que leurs mouvements eussent été réglés en conséquence et l'on ne s'en était préoccupé en aucune façon.

Les magasins n'avaient jamais cessé d'être pourvus, par d'autres moyens d'ailleurs que ceux qu'on recommandait et qu'on avait bien fait de ne pas employer; eu égard à la vitesse de la marche, les résultats en eussent été mauvais.

Que si, par une opération merveilleuse, l'intendant en chef avait réussi à faire ce qu'on lui reprochait de n'avoir pas fait, c'est-à-dire à attirer dans ses magasins toutes les ressources du pays,

il n'aurait abouti qu'à y accroître l'encombrement sans assurer une distribution de plus, et il
aurait enlevé aux troupes la seule ressource au
moyen de laquelle elles avaient subsisté, mal il
est vrai, mais enfin vécu, de sorte qu'au lieu de
manger peu elles n'auraient plus mangé du tout.

La guerre d'Italie a été, suivant le mot célèbre
d'un auteur bien connu une « déroute en avant ».

Déroute, c'est-à-dire marche désordonnée. On
ne songeait qu'à courir sur l'ennemi sans paraître
croire qu'il y eût à se préoccuper d'autre chose.

L'administration avait bien fait ce qu'elle avait
pu, elle avait préparé les approvisionnements et
les avait expédiés au plus vite pour les faire
arriver aux troupes. Mais elle n'avait pas réussi
à faire parvenir ses convois à destination parce
qu'il est contraire à la nature des choses que
celui qui marche alternativement en avant et en
arrière puisse gagner de vitesse celui qui va
toujours tout droit, si ce dernier n'attend pas.

Voilà comment les ravitaillements étaient
arrivés toujours trop tard et étaient constamment
restés inutiles, tandis que les destinataires manquaient de tout.

Pourtant le succès avait couronné l'entreprise;

il est même probable que le succès eût été moindre si les opérations avaient été régulièrement conduites.

J'ai dit plus haut qu'avec ce système on pouvait aller vite, mais qu'à moins de miracle on n'allait pas loin.

Le miracle s'était produit ; c'en était bien un qu'un tel ensemble de circonstances favorables que jamais elles ne s'étaient encore trouvées réunies dans aucune guerre et qu'on peut assurer que dans l'avenir elles ne rencontreront plus.

Pendant toutes les opérations, on n'eut pas un seul insuccès.

On opéra constamment dans le pays le plus riche du monde en productions agricoles.

La saison était la plus favorable.

Les habitants n'étaient pas seulement bien disposés, ils étaient enthousiastes et s'imposèrent les plus grands sacrifices pour secourir les troupes et satisfaire à leurs besoins les plus essentiels.

Enfin, les armées qui opéraient n'étaient pas très nombreuses, les Franco-Italiens n'eurent jamais en ligne plus de cent cinquante mille hommes en tout.

Il fallut la réunion constante de toutes ces circonstances heureuses pour permettre de vivre à peu près ; qu'une seule se fût trouvée contre nous, c'était la débâcle.

Et à bien voir les choses, il est à regretter que ce malheur ne soit pas survenu.

Nous aurions eu une page glorieuse de moins dans l'histoire.

Mais peut-être que l'expérience aurait servi de leçon et qu'on ne serait pas allé depuis, d'un cœur si léger, courir au-devant des plus irrémédiables désastres.

XV

Je n'ai pas l'intention de faire l'historique, même sommaire, de la guerre de 1870. Cela sortirait de mon cadre, et ces événements sont bien assez connus. J'en veux seulement relever le caractère général.

Pendant cette guerre, on a formé simultanément ou successivement pour lutter contre les Allemands six grandes armées.

De ces six armées, quatre furent placées sous la direction des généraux que la guerre précédente avait rendus illustres. On semblait fondé à croire que les mêmes méthodes qui leur avaient si bien réussi allaient encore donner les mêmes résultats et que la victoire sous de tels chefs était assurée.

En effet, ce furent bien les mêmes méthodes ou pour être plus exact la même absence de méthode, mais les résultats furent tout différents.

On n'avait réussi en Italie que grâce à un concours extraordinaire de circonstances heureuses. Il eût été bien surprenant que le même hasard vînt à se reproduire.

Aussi, des quatre armées ainsi commandées et conduites, le sort fut-il commun, aux variantes près : un premier échec et la destruction définitive, retardée ou non retardée.

C'est d'abord l'armée du Rhin, formée de l'élite des troupes françaises, dont un seul corps au début des opérations se fait battre à Spiekeren. Aussitôt, sans qu'on puisse essayer de réparer un échec peu important en apparence, il faut se retirer en toute hâte sur la forteresse la plus voisine. A partir de ce moment, le sort de cette armée est fixé. C'est en vain qu'elle combat brillamment, livrant autour de la place les engagements les plus meurtriers, les livrant même heureusement, car elle fait éprouver à l'ennemi des pertes bien plus considérables qu'elle n'en éprouve elle-même. Heureux ou malheureux, ses efforts aboutissent au même résultat ; on mange tant qu'il y a des vivres dans le magasin et le jour où il n'y en a plus, il faut implorer la clémence du vainqueur.

D'aucuns ont discuté la question de savoir si en mettant telle division à droite plutôt qu'à gauche, en prenant position plus en avant ou plus en arrière, le résultat n'eût pas été différent. Le résultat de l'engagement peut-être, la solution définitive jamais. C'est la loi fatale qu'une armée immobilisée est perdue ; du jour où Bazaine avait ramené ses troupes sous les murs de Metz, elles ne comptaient plus pour la défense du pays.

C'est en même temps l'armée formée au camp de Châlons et à la tête de laquelle on fait mettre l'Empereur lui-même. Cette armée, à sa première rencontre avec l'ennemi, essuie un échec partiel à Mouzon. Aussitôt, tout est perdu et il faut se réfugier en désordre sur la place la plus rapprochée. Ici se produit une variante. Ce qu'on a pris pour un lieu de refuge, Sedan, n'est pas une forteresse, c'est un souvenir archéologique de fortification n'offrant aucune protection sérieuse. Cette place, soi-disant forte, n'en joue pas moins en conscience son rôle naturel de faire investir l'armée. Comme il n'y a pas d'abri, la catastrophe finale n'est pas même retardée, il faut capituler de suite.

Vient ensuite l'armée de Paris. Le premier engagement, à Châtillon, est un insuccès. Il n'en faut pas plus et elle se retire immédiatement dans la zone fortifiée.

Là elle se trouve placée dans les conditions en apparence les plus favorables. Bien loin de s'affaiblir, elle trouve à sa disposition les ressources inépuisables de la grande ville, développées encore par l'ardeur et le patriotisme des habitants.

Elle peut ainsi doubler ou tripler ses effectifs, renforcer ses cadres, elle a tout le temps d'aguerrir ses nouvelles levées. Elle dispose des moyens industriels les plus puissants et peut porter son outillage au plus haut degré de perfection ; elle trouve jusqu'à des chevaux en grand nombre pour remonter sa cavalerie et reconstituer les attelages de son artillerie.

Rien de tout cela ne sert. On a si bien le sentiment que si l'on sort il faudra rentrer le lendemain et que la situation sera pire, qu'on ne fait aucune tentative sérieuse pour forcer la ligne d'inves-

tissement. Pas une seule fois, on n'engage à fond
la majeure partie des troupes.

Et en même temps qu'on arrive au dernier mor-
ceaude pain, on arrive aussi à la capitulation
inévitable.

Enfin, c'est l'armée de l'Est, destinée à tenter
une opération désespérée, une opération à grand
effet, qui, si elle réussit, pourra peut-être dégager
les armées compromises à l'intérieur.

Pour arriver plus vite, on met plus que jamais
de côté toute préoccupation administrative. Aussi
les effets de cette omission vont-ils se manifester
de la manière la plus saisissante.

Cette armée est heureuse d'abord et remporte
un premier avantage de Villersexel. Elle veut le
compléter en refoulant l'ennemi encore au delà,
mais ne réussit pas à déloger d'Héricourt.

Forcée de s'arrêter, les vivres manquent et
elle entre aussitôt en pleine déroute devant des
forces moitié moindres. Ses débris n'ayant pas à
proximité de forteresse où se réfugier vont se
sauver en Suisse, où on les interne.

Ainsi, voilà quatre armées, dont deux au moins
composées des troupes les plus aguerries du

monde et dont aucune, pas un seul instant, ne réussit à tenir la victoire incertaine. Bien plus, pas une n'échappe au sort le plus misérable et au plus complet anéantissement.

Et pourtant, toutes quatre sont commandées par des chefs illustres entre tous, jouissant de la confiance des soldats et dont la valeur s'était affirmée depuis longtemps par d'éclatants succès.

Il est vrai que ces chefs tiennent dans le plus parfait mépris l'administration et les administrateurs et s'étonnent, de la meilleure foi du monde, que des « pourvoyeurs d'armée » puissent élever la prétention d'obtenir voix au conseil.

Ils sont logiques et conséquents avec eux-mêmes, pour ce qu'ils en veulent faire, un garde-magasin leur suffit.

Différente a été la conduite des deux autres grandes armées, celle de la Loire et celle du Nord.

Là, des chefs peu connus la veille et n'ayant jusqu'alors joué aucun rôle appréciable dans des opérations de grande guerre. Du moins chez eux pas d'idées préconçues, et si l'éducation administrative fait défaut, ils sentent ce qui leur manque et tâchent d'y suppléer.

Leurs opérations ne sont pas des opérations de grande envergure, mais du moins celles qu'ils entreprennent sont étudiées et arrêtées de concert avec la direction des services administratifs.

Si l'on essuie un échec, tout au moins il y a une ligne de retraite préparée, les distributions y sont assurées, les troupes ne se débandent pas ; on peut les rallier et continuer de tenir la campagne.

Aussi ces armées, composées de jeunes troupes et de débris déjà vaincus, se comportent honorablement. Si elles remportent peu de succès, les revers ne dégénèrent pas en déroutes. Dix fois battues, ce que le feu de l'ennemi a épargné reste debout et prêt à tenter encore la chance des batailles.

Et il faut rendre cette justice à chacun de ceux qui les commandaient qu'ils ont su reconnaître les services de l'administration et que dans leurs rapports et dans leurs écrits ils ont fait part à leurs collaborateurs de leur gloire relative.

L'un d'eux même a élevé le sien sur un tel piédestal qu'à peu de temps de là on l'a fait ministre de la guerre, — sous un pseudonyme. —

Qu'elle est implacable la logique des événements ! et quelle flagrante confirmation des idées dont je tâche de mettre la justesse en évidence !

Faut-il donc qu'on soit obligé de démontrer des choses aussi claires que celles-ci :

Que nul n'est en état de diriger une grande opération de guerre s'il ne connait le fonctionnement des éléments constitutifs d'une armée et les rapports nécessaires que ces éléments ont entre eux.

Que nul ne sait que ce qu'il a appris.

Et que c'est une organisation fausse et désastreuse celle qui ne permet à personne d'acquérir en entier les connaissances indispensables pour être capable de conduire une armée.

XVI

Un des résultats de la guerre 1870 fut l'éclosion
en France d'un nombre prodigieux d'organisateurs qui se mirent à développer leurs élucubrations dans la presse et ailleurs.

Si ces génies à tant la ligne avaient voulu faire
œuvre sérieuse, ils avaient un beau thème et de
la copie en abondance sous un titre ronflant; ils
n'avaient qu'à demander : la disjonction des
attributions incompatibles.

Ce n'est pas seulement l'intendance qui pratique
ce cumul, il y a encore d'autres administrations
militaires qui sont dans le même cas : ce sont
notamment celle de l'artillerie et du génie.

On charge les mêmes officiers de fabriquer les
armes et d'en choisir le système. L'intérêt public
exigerait l'adoption du meilleur modèle, quel

qu'on fût l'auteur, l'intérêt particulier du fabricant est de préconiser son produit à l'exclusion de tout autre : il faut ne pas connaître les hommes pour mettre en doute que l'intérêt public sera sacrifié.

Qu'on examine le matériel d'armement en usage en France : il n'y a pas une arme petite ou grosse, pas un projectile, pas un accessoire qui ne soit « dû » au capitaine X ou au colonel Y de l'arme de l'artillerie.

Si incontestables que soient les talents de ces messieurs, il n'est pas admissible qu'ils possèdent le monopole absolu de toute innovation heureuse et s'ils écartent systématiquement toute invention par cette seule cause qu'elle n'est pas de leur crû, il est évident que l'étranger, qui n'a pas les mêmes préjugés, aura presque toujours la supériorité de l'armement.

Lorsqu'on fit la malheureuse guerre de 1870, l'armée allemande depuis longtemps déjà était pourvue d'un matériel supérieur; cette supériorité, il est certain que, tout en la niant, l'artillerie française la connaissait bien; c'est pour essayer de la contrebalancer qu'elle imagina la mitrailleuse de Meudon, qui rendit si peu de services.

On ne peut admettre que le constructeur d'un

canon ait encore mission d'en choisir le système;
ce soin doit incomber à ceux qui en feront usage,
car pour eux l'intérêt particulier se confond avec
l'intérêt général ; ils ont le plus grand besoin que
ce choix soit le meilleur possible.

Ces considérations conduisent à poser en principe que le service de l'artillerie doit être scindé
et ses attributions actuelles réparties d'une part
à des ingénieurs chargés d'en construire le
matériel, de l'autre aux officiers des troupes
destinées à l'employer. Ceux-ci auraient à choisir
entre tous les systèmes proposés ou usités en
France et à l'étranger celui qui leur conviendrait
le mieux.

Il existe déjà quelque chose d'analogue dans
la marine qui, elle aussi, fait usage de canons.
Elle possède des artilleurs pour les construire,
recrutés comme ceux de la guerre. Sans doute
ils ne demanderaient pas mieux que de suivre les
mêmes errements, mais il leur faut compter avec
les officiers de marine qui entendent être bien
outillés et ne se payent pas de raisons d'amour-
propre. Aussi obligent-ils leurs artilleurs à se tenir
au courant des progrès réalisés au dehors. Voilà
comment il s'est fait qu'en 1870 on n'ait trouvé

que les canons de la marine qui fussent en état de
tenir tête à ceux des Allemands.

Tant qu'on n'aura pas modifié le régime actuel,
il est à prévoir que, les mêmes causes produisant
les mêmes effets, pareille infériorité d'armement
se retrouvera à la prochaine guerre.

C'est le même cas pour le génie. Les officiers
de cette arme ont charge tout à la fois de construire les fortifications, d'en choisir le système
et de les défendre quand elles sont attaquées.

S'il s'était trouvé parmi eux un nouveau Vauban,
contemporain de l'artillerie moderne, il est présumable qu'il aurait cherché et trouvé des moyens
de défense en rapport avec les nouveaux moyens
d'attaque. Un tel ingénieur n'ayant pas surgi, on
s'est trouvé avoir à la dernière guerre un système
de fortifications où rien d'essentiel n'était changé
depuis l'époque du grand roi. On ignorait ou fei-
gnait d'ignorer les transformations que cet art
avait subies à l'étranger.

On a vu combien était devenue mince la valeur
de ces ouvrages.

Depuis, il est vrai, on a fait du nouveau. Ce
nouveau a-t-il ou non la force de résistance qu'on
prétend ? c'est ce que l'expérience seule peut faire

connaître. En tous cas, il est certain que les systèmes d'après lesquels on construit actuellement la fortification en France sont fort différents de ceux qui sont adoptés ailleurs. Étant connus les précédents, il est permis de n'avoir qu'une médiocre confiance.

Pour le génie aussi, il faut que ceux qui ont mission de défendre les forteresses aient pouvoir d'imposer à ceux qui les construisent les systèmes qu'ils jugent les meilleurs; les deux fonctions ne peuvent donc être remplies par les mêmes personnes.

Voilà des considérations sur lesquelles les écrivains soi-disant militaires, s'ils n'avaient eu en vue que le bien public, n'auraient pas manqué d'attirer l'attention de leurs lecteurs; mais ils avaient vraiment bien autre chose à faire et ils réservaient leurs critiques pour l'intendance militaire.

C'est qu'ici tout était pour eux plaisir et profit, et nombreux étaient ceux qui voyaient avec la satisfaction la plus vive malmener cette institution détestable :

Les généraux d'abord :

C'est contre eux qu'avait été organisée l'intendance et il était assez naturel qu'ils eussent peu de sympathie pour les fonctionnaires dont la mission avait été de les tenir en bride et qui détenaient encore des pouvoirs indispensables à l'exercice de leur autorité.

A cette raison déjà puissante s'en ajoutait une autre plus puissante encore, c'est le grand intérêt qu'ils avaient à voir l'opinion attribuer aux administrateurs la responsabilité des fautes commises, dégageant ainsi la leur.

Aussi, les généraux n'ont-ils jamais manqué de poursuivre les intendants avec la plus extrême rigueur chaque fois qu'ils en ont trouvé l'occasion. On a eu un exemple frappant de la violence de ce sentiment dans l'aventure de Brissy, qu'il faut rappeler en quelques mots.

En 1870, la révolution éclate à Marseille comme à Paris. Le général qui commandait la place veut tenir tête à l'orage; il échoue complétement et est obligé de se retirer.

Le sous-intendant Brissy s'attribue ou se laisse attribuer le commandement des troupes, se montre plus conciliant ou plus habile et parvient à rétablir l'ordre sans effusion de sang.

Ce que faisant, Brissy avait commis deux crimes :

Il avait pris un commandement qu'il n'avait aucun droit d'exercer;

Il avait réussi là où un général avait échoué.

Le premier de ces crimes était pardonnable. Dans ces temps troublés, beaucoup, qui ont été depuis ambassadeurs et ministres, ont exercé des pouvoirs dont la légalité était fort contestable et sans avoir comme Brissy l'excuse du succès.

Le gouvernement d'alors jugea ainsi la chose, et bien loin de le blâmer s'empressa de le féliciter et de le récompenser en lui donnant de l'avancement.

Mais l'autre crime était irrémissible. Aussi reprit-on l'affaire après coup, et Brissy traduit devant un conseil de guerre, c'est-à-dire devant un tribunal de généraux, fut condamné à mort, à l'unanimité.

Le malheureux ne fut pas exécuté, mais il subit cette chose atroce qu'on appelle la dégradation militaire et qui fut épargnée à Bazaine.

Il est certain que cette condamnation avait été légale, il est permis de douter qu'elle ait été conforme à l'idée naturelle qu'on se fait de l'équité.

Tous les partis ont un intérêt puissant à flatter

les chefs militaires. On voit, par ce qui précède, que rien ne pouvait leur être plus agréable qu'une campagne menée par la presse contre l'intendance. Il n'en eût pas fallu davantage pour la déterminer.

Mais il y avait encore bien d'autres gens qui y trouvaient leur compte.

> Notre ennemi, c'est notre maître.

a dit le fabuliste.

Parmi les personnels administratifs placés sous la direction de l'intendance se trouvait une corporation très puissante, celle des médecins militaires. Ceux-ci réclamaient depuis longtemps ce qu'ils appellent leur autonomie, c'est-à-dire la suppression de tout intermédiaire entre eux et le chef suprême. Cette question est trop importante pour que je n'y consacre pas un des prochains chapitres. Je signale seulement ici que l'occasion était trop belle pour n'être pas saisie avec empressement; aussi les médecins se firent-ils remarquer par l'ardeur de leurs attaques contre l'intendance.

Il n'y a guère d'officier qui n'ait à tenir une

comptabilité grosse ou petite et auquel ne soit
arrivé quelqu'accident dont le résultat a été de
le faire passer à la caisse, pour y verser de ses
propres deniers. Ces petites mésaventures sont
parfois fort irritantes, et si honnête qu'on soit, si
juste que soit la mesure, on en sait toujours
mauvais gré à celui qui l'a infligée. C'est pourquoi ceux qui sont chargés de l'exercice du
contrôle administratif sont assurés d'exciter le
mécontentement général, d'autant que les formalités en sont souvent quelque peu vexatoires.
Aussi leur voit-on avec plaisir essuyer à leur
tour des désagréments.

Encore, de ce chef, une légion de gens tout
disposés à applaudir aux attaques contre l'intendance.

Il y avait bien aussi parmi les publicistes militaires quelques-uns qui avaient quitté l'armée
volontairement en ce sens qu'on leur avait donné
à opter entre la démission et le conseil d'enquête
et à l'affaire desquels l'administration n'était
pas étrangère. Ceux-là ne pouvaient manquer de
profiter d'un moment si propice pour satisfaire
leurs rancunes.

Ce fut donc contre l'intendance une coalition générale d'intérêts, de compétitions, de jalousies et de vanités, qui se traduisit par une campagne d'une extrême violence entreprise contre elle par la presse de tous les partis.

Ce qu'on acccumula pendant plus de dix ans de calomnies, d'injures et d'accusations de toutes sortes est incroyable.

C'était à penser qu'aucun article n'était accepté par un journal sur un sujet militaire quelconque, qui ne contînt quelqu'invective à l'adresse de l'ennemi commun. On aurait dit la gousse d'ail qu'on introduit dans un méchant plat pour en relever le goût et sans laquelle il n'y a pas de cuisine pour certains palais.

Si la campagne fut longue et acharnée, il est juste de reconnaître qu'elle fut aussi de la plus insigne maladresse. La seule chose qu'on ne reprochait pas à l'intendance était précisément la seule sur laquelle elle n'était pas défendable : le cumul d'attributions administratives incompatibles. Là, on aurait frappé juste; mais pour ce faire, il aurait fallu des gens capables d'idées d'organisation, et tel n'était pas le cas.

Les adversaires de l'intendance avaient la

partie belle; ils avaient réussi à mettre de leur côté l'opinion publique qui, dans la circonstance, était bien facile à égarer.

Le vulgaire ne voit que ce qui le touche de près; on avait entendu les plaintes des soldats, on savait que l'intendance était chargée de pourvoir à leurs besoins, on en concluait, tout naturellement, que les besoins n'ayant pas été satisfaits, elle n'avait pas fait son devoir.

Personne ne s'avisa de ce raisonnement bien simple :

Si un général veut faire exécuter une opération de guerre, son premier soin doit être évidemment d'avertir son intendant de ses intentions et de lui donner « l'ordre de pourvoir » ses troupes aux positions successives à occuper.

Si l'ordre n'est pas exécuté, cela ne peut venir que de l'une des deux causes suivantes :

Ou il n'était pas exécutable;

Ou, bien qu'exécutable, il n'a pas été obéi par la mauvaise volonté ou l'incapacité de l'intendant.

Dans ce dernier cas on le traduit devant un conseil de guerre qui doit le faire fusiller s'il l'a fait exprès et lui accorder les circonstances atténuantes s'il n'a fait preuve que d'impéritie. Le moins qui puisse lui advenir, en cas d'extrême mansuétude, est d'être envoyé disciplinairement en demi-solde pour y méditer pendant quelque temps sur la meilleure organisation à donner aux moyens de pourvoir.

Et l'on ne saurait douter que le général apporte la moindre hésitation à prendre ou à provoquer ces mesures ; il y a tout plaisir d'abord et intérêt puissant ensuite pour faire voir que c'est bien à un autre et non à lui que la faute est imputable.

Si donc on veut savoir pour laquelle de ces deux causes les services administratifs ont été si souvent en défaut à la guerre, si l'intendance n'a pas pu, ou bien si elle n'a pas su ou voulu les faire fonctionner, il faut rechercher si la liste est nombreuse des membres de ce corps condamnés par les conseils de guerre ou mis en non-activité pour inexécution des ordres reçus et fautes dans le service.

J'ai fait cette recherche et voulu établir cette liste, mais je n'ai pas trouvé un seul nom à y mettre. Aucun autre que Brissy n'avait été traduit devant un conseil de guerre ; aucun même n'avait été l'objet d'une mesure disciplinaire.

A en croire les journalistes, le corps tout entier

n'avait fait qu'accumuler les inepties et les fautes.

Chose bizarre, pas un seul de ses membres ne s'était mis dans le cas d'être blâmé.

Il n'en pouvait être autrement. La composition du corps de l'intendance a toujours été remarquable. Le recrutement en est fait avec un soin tout particulier. On n'y admet les officiers qu'à la suite d'épreuves sérieuses prouvant leur capacité· et on exige qu'ils aient passé les grades inférieurs dans le service des troupes, ce qui permet de connaître leurs antécédents, leur caractère et leurs aptitudes.

· Ce recrutement suffirait déjà pour assurer la bonne composition du corps, mais là seulement n'est pas la raison de la valeur exceptionnelle de ses membres.

Ordinairement isolés les uns des autres, n'ayant à prendre conseil que d'eux-mêmes, entourés d'inimitiés et de malveillance, ils savent que toute erreur leur sera imputée à faute et qu'on leur en fera supporter durement les conséquences.

Cette situation les amène nécessairement à prendre des habitudes de réflexion et de prudence, à examiner sous toutes leurs faces les questions qui se présentent, à supputer toujours la portée de leurs paroles et de leurs actes et à en prévoir toutes les suites.

Il n'y a pas de situation morale qui soit mieux faite pour développer au plus haut degré l'intelligence des hommes.

Aussi la supériorité intellectue e de l'intendance sur tous les autres corps de l'armée est-elle si connue que dans l'infinie variété des accusations qu'on a portées contre elle, c'est la seule qualité qu'on ne lui ait jamais contestée.

L'instrument était donc excellent, mais il fallait savoir s'en servir.

C'est donc à ceux qui en ont fait emploi que sont exclusivement imputables les mauvais résultats obtenus.

Et comment en aurait-il été autrement? comment ceux qui se servaient de l'outil sans en connaître le fonctionnement auraient-ils pu savoir au juste ce qu'il était capable de donner ?

A ce compte, me direz-vous, ce sont les généraux vaincus qui auraient dû être traduits devant les conseils de guerre?

Logiquement oui. Mais en outre qu'il n'eût pas

été juste de leur reprocher de n'avoir pas su ce
qu'ils n'avaient jamais été en situation d'apprendre, l'organisation militaire en France est
telle que leur responsabilité ne peut jamais être
rendue effective. J'en montrerai les motifs dans un
des prochains chapitres. Je prie mon lecteur de
me faire crédit jusque-là.

XVII

CONSÉQUENCES DE LA LOI DE 1882
SUR L'ADMINISTRATION

Cependant l'intendance ne semblait guère s'émouvoir des attaques dont elle était l'objet. Elle assistait indifférente à l'éclosion des divagations successives qui, sous le nom de projets de loi, allaient s'élaborer dans les commissions parlementaires et paraissaient destinées à l'anéantir. Il faut dire que ces commissions, de leur côté, ne paraissaient avoir aucune hâte d'en finir et saisissaient tous les prétextes pour retarder la solution. C'est que l'examen même superficiel de tous ces projets révélait de telles difficultés d'exécution, une ignorance si parfaite chez leurs auteurs des conditions à satisfaire, qu'il était visible, pour les législateurs les moins compétents, qu'on ne pouvait aboutir à autre chose qu'à une législation bâtarde et incohérente.

Après dix années de discussions stériles et d'études prétendues, on n'était pas plus avancé qu'au premier jour. Mais les intéressés se fatiguaient d'attendre, la presse devenait à chaque instant plus agressive et plus menaçante; on sentait la nécessité d'en finir.

C'est ainsi que de guerre lasse fut votée la loi de 1882. Ses plus ardents promoteurs s'abusaient si peu sur la valeur de leur création qu'on les vit venir à la tribune, humblement déclarer que certes leur œuvre était loin d'être parfaite mais qu'il fallait cependant l'accepter pour faire cesser une situation intolérable. C'était encore de la prétention à eux d'y voir un progrès. Mais on n'insista point et personne n'eut l'indiscrétion de leur demander ce qui les avait empêchés de faire mieux, puisqu'ils se rendaient compte de ce qu'ils appelaient par euphémisme les imperfections de leur ouvrage.

L'intendance avait pourtant un moyen bien facile de faire tomber cette loi d'un seul coup, c'était d'établir et de présenter un contre-projet rationnel. La vérité est une; un tel contre-projet ne pouvait être, aux détails près, autre chose que le retour à la législation du premier Empire. J'en

ai développé les principes, et l'argumentation me
paraît irréfutable. Pour ceux qui ne peuvent ou ne
veulent comprendre, il y a ce fait indéniable des
hautes capacités des auteurs de cette organisation,
au plus mince desquels le plus outrecuidant des
législateurs actuels n'oserait se comparer. Il y a
cette considération plus convaincante encore que
l'expérience de cette organisation a été faite, en
temps de paix et en temps de guerre, et si heureusement qu'on n'a pu trouver aucune critique à
formuler contre elle.

Voilà ce que l'intendance pouvait faire et ce
dont elle se garda bien. Cette organisation
rationnelle, elle ne la désirait nullement. C'est
qu'il lui aurait fallu renoncer au cumul administratif, cumul détestable en lui-même mais qui fait
sa force et sa puissance. Tout au contraire, la loi
proposée n'était pas faite pour lui déplaire. Elle
y perdait certains privilèges plus apparents que
réels et une attribution importante : la direction
du service de santé. Mais ces pertes étaient
largement compensées ainsi qu'on va le voir plus
loin. Si les auteurs de la loi de 1882 ont eu en vue
d'abaisser l'intendance, ils ont bien mal su s'y
prendre : car ils sont allés contre leur but.

7.

On a cherché à faire de cette loi l'application du principe indéterminé dont il a été question plus haut et formulé de la subordination de l'administration au commandement.

Si par le mot administration on entend les moyens de pourvoir, c'est-à-dire les services administratifs, et si par le mot commandement on entend les chefs militaires, j'en tombe d'accord et vais même plus loin : je dis qu'il ne suffit pas que cette subordination soit inscrite dans les lois, il faut encore qu'elle soit effective. S'il n'en est pas ainsi, la situation du subordonné au lieu d'être amoindrie devient prépondérante ; il conserve en fait l'autorité absolue sur ses services et il y gagne de ne plus être responsable des fautes qu'il peut commettre. Quant au chef prétendu, si pour une cause quelconque il n'est pas en mesure d'intervenir dans le fonctionnement des services qu'il est censé diriger, il ne lui reste qu'à sanctionner les actes de son sous-ordre, dont il ne fait que couvrir la responsabilité. Pour peu que ce dernier sache jouer de la situation, c'est son supérieur qui passe dans sa dépendance.

C'est justement à ce résultat qu'est arrivée la loi de 1882. On a établi bien nettement le droit

des généraux à diriger les services administratifs.
C'était bien, mais il fallait être conséquent et
les mettre à même d'exercer cette direction. Un
général arrive d'habitude à cette haute position à
un âge où on n'apprend plus et où il faut vivre
sur son acquis. En fait d'éducation administrative,
dans sa jeunesse, il a suivi un cours dans une
école quelconque. Trente ans après, sans autre
préparation, sans que dans l'intervalle il ait pu
entretenir des notions insuffisantes ni acquérir
aucune pratique, le voilà chargé tout à coup de
diriger les services les plus compliqués qui soient
dans l'armée et de les combiner avec ses autres
opérations.

Si dans les assemblés législatives un orateur
s'était avisé de faire valoir ces considérations, il
est probable qu'on l'eût honni et conspué, car il
n'aurait pu faire de critique plus sévère des agissements de ses collègues, discutant et légiférant
avec un aplomb admirable sur les questions à
eux les plus parfaitement étrangères et inconnues.

Tant que cela se passe en discours et en votes,
le danger n'est pas apparent, le résultat de
l'ignorance n'est pas immédiat ; mais quand il faut
en arriver, comme le général, à l'application, les

suites deviennent tangibles, il ne suffit plus d'avoir de l'aplomb et on tombe dans les alternatives décrites plus haut, avec les conséquences que l'on sait.

Jamais, sous le premier Empire ni avant, on n'avait eu l'idée de mettre la direction des services administratifs dans les attributions d'un corps fermé. Pour n'en citer que l'exemple le plus célèbre, Carnot, le grand Carnot, fut tour à tour officier du génie, ministre, commissaire des guerres, inspecteur aux revues et finalement général. Si tous les hommes de guerre de cette époque n'ont pas passé par cette école et ont pu néanmoins devenir capables d'exercer des commandements, c'est qu'ils arrivaient à cette situation beaucoup plus jeunes que maintenant et encore en âge d'acquérir par la pratique les connaissances qui leur manquaient.

On n'a songé à rien de pareil et scrupuleusement, on a conservé de l'œuvre de Gouvion-Saint-Cyr, le dualisme qu'il avait inventé et dont les conséquences ont été si déplorables.

On a cru affaiblir l'intendance en établissant la subordination de ses membres aux chefs militaires; rien ne pouvait lui être plus utile.

Assurément, il est désagréable à un homme d'être le subordonné d'un autre, mais seulement si celui-ci peut faire usage effectif de son autorité. Dans l'espèce, pareille chose n'étant pas à craindre, l'application du nouveau système ne pouvait avoir d'autre effet pour l'intendance que de transformer ses ennemis les plus redoutables en protecteurs obligés. Du même coup tombait le principal prétexte aux attaques dont elle était l'objet et, de fait, au lendemain du vote de la loi, la presse, sauf quelques attardés, cessait sa campagne.

En réalité, les dispositions nouvelles avaient laissé les choses en l'état, déplaçant seulement les responsabilités.

Les nouveaux responsables, les généraux, acceptaient allègrement la chose, convaincus par expérience que pour eux la responsabilité n'est jamais effective. Mais les intendants ne pouvaient voir qu'avec la satisfaction la plus vive disparaître cette épée de Damoclès, constamment suspendue sur leurs têtes.

Jusque-là, du moins, la loi de 1882 n'a rien innové. Là où le véritable nouveau commence, c'est à propos de l'autre partie de l'administration. Pour éviter toute confusion, je désignerai cette seconde partie sous le nom de magistrature administrative, réservant le mot contrôle, qui serait le mot propre, à la création bizarre dont j'ai traité aux premiers chapitres de cette étude.

Il est intéressant de rechercher quelle est, à ce point de vue, la situation réciproque faite aux magistrats administratifs et à leurs chefs et principaux justiciables, les généraux.

J'observe d'abord qu'ici je ne puis plus, comme je l'ai fait jusqu'à présent, raisonner sur des faits accomplis et en déduire les conséquences. Cette innovation est trop récente pour qu'elle ait encore pu donner ses résultats. Il est même probable qu'elle ne les donnera qu'assez tard parce qu'il n'est pas dans la nature des hommes de changer subitement les habitudes prises, pas plus les bonnes que les mauvaises, et qu'ils ne se décident que progressivement à franchir certaines limites, quand une loi mal faite vient leur en donner la latitude.

Mais on peut être assuré qu'une fois la porte aux abus ouverte, on la franchira, tardivement peut-être, mais on la franchira certainement.

Supposez que dans l'avenir il se rencontre un chef militaire peu scrupuleux et que ce chef, par suite d'une mesure irrégulière, prise de bonne foi ou non, ait encouru une responsabilité pécuniaire. Si justice est rendue, il aura à payer ou reverser les sommes qu'on aura dû lui imputer de ce fait.

Mais s'il est peu scrupuleux, il tâchera évidemment de se soustraire à cette obligation et ne regardera pas au moyen.

Avec la législation nouvelle, il a sous la main et sous ses ordres l'homme qui peut lui rendre ce service, c'est le magistrat administratif auquel ses fonctions donnent toute facilité de laisser fausser les comptabilités et de masquer ainsi des emplois irréguliers de matériel ou d'argent, sans d'ailleurs que lui-même soit compromis en rien.

Toute comptabilité est faite pour montrer l'application de dispositions réglementaires à des faits déterminés ; c'est le magistrat administratif qui seul a qualité pour constater authentiquement ces faits ; s'il se laisse tromper, volontairement ou non, il constate des faits inexacts et voilà une comptabilité parfaitement régulière pour des vérifications ultérieures et qui a pu servir à commettre des fraudes.

Et il y a mille et un moyens pour ce faire : se laisser présenter plusieurs fois les mêmes hommes ou les mêmes chevaux à une revue d'effectif; n'aller pas voir de trop près s'il s'est bien produit tel accident qui est censé avoir fait disparaître du matériel dont on serait embarrassé de justifier l'emploi, etc., etc.

Si donc, et dans l'avenir, il se trouve un chef militaire qui ne soit qu'à moitié honnête, il trouvera dans la complaisance de son intendant un moyen infaillible d'échapper en matière d'argent aux responsabilités qu'il pourra encourir; s'il n'est pas honnête du tout, il trouvera dans cette même complaisance une source intarissable de profits.

Mais ces complaisances ne s'accorderont pas de but en blanc; si l'intendant est habile, et il le sera, il ne demandera pas un ordre formel qu'on lui refuserait, mais il aura soin d'ouvrir une correspondance qui lui servira à se couvrir au besoin et, au besoin aussi, à compromettre son chef.

Et il y arrivera d'autant plus facilement que ce dernier, mal au courant de réglementations toujours compliquées, risquera fort de ne pas se rendre un compte exact des conséquences de ce qu'il aura écrit.

Quand pareille chose sera arrivée, c'est le général qui se sera mis à la discrétion de son subordonné ; il sera devenu l'agent de son agent et il suffira pour l'amener là, non pas même d'une faute, mais d'une imprudence, peut-être provoquée.

Le législateur de la loi nouvelle croyant instituer le Contrôle contre les intendants leur a donné un puissant auxiliaire.

Nul par lui-même, le contrôleur est amené malgré lui à jouer le jeu de l'intendant ; il peut devenir entre ses mains une arme terrible.

Je défie que ces fonctionnaires intermittents, comme dit si bien le Conseil d'État, découvrent jamais quoique ce soit de sérieux dans leurs opérations administratives autrement que par l'examen des correspondances.

La loi de 1882 leur donne il est vrai le droit de se les faire présenter, mais ceux-là sont naïfs qui s'imaginent voir les correspondances délicates figurer aux registres officiels ; elles se tiennent en lieu sûr, d'où on ne les fait sortir, comme le sabre de Prudhomme, que pour se défendre et au besoin pour attaquer.

Pour qu'ils trouvent cette piste, il faut qu'on les y mène; mais alors on peut être sûr que jamais meute bien créancée découvrant un lièvre inespéré ne l'aura poussé au ferme de si grande allure et en si belle musique.

Voilà sur quel terrain, semé de pièges et de chausse-trappes, les généraux auront par la suite à marcher, et à marcher à l'aveugle. Je souhaite sans l'espérer qu'ils n'y trébuchent pas.

Ce ne sont là que des prévisions, peut-être pessimistes. Dans l'état actuel de nos mœurs, il est certain qu'elles seraient exagérées.

L'administration militaire française est méticuleuse et tracassière, mais elle est encore aujourd'hui la plus honnête de l'Europe.

C'était la seule conséquence heureuse de l'organisation de Gouvion-Saint-Cyr, elle était due à l'indépendance des magistrats administratifs et aux inimitiés qui les entouraient, les obligeant de veiller sur eux-mêmes avec la plus scrupuleuse attention.

C'est aussi la seule partie de cette organisation que la loi de 1882 ait détruite.

Qu'on prenne garde que cette subordination du

juge au justiciable n'amène l'entente entre les deux, au grand détriment de la morale et de la caisse publiques.

En attendant, c'est l'intendance qui bénéficie des fautes et de l'ignorance de ses ennemis. Restée en possession de la magistrature administrative, elle tient chacun par la corde sensible, qui est le cordon de la bourse, et conserve de ce chef un pouvoir immense. Débarrassée des responsabilités, nécessaire aux généraux qui ne sont pas en état de se passer d'elle, les obligeant ainsi à la couvrir et à la protéger, sa puissance est plus grande qu'elle ne l'a jamais été.

Ces avantages valaient bien pour elle la perte de la direction administrative du service de santé, d'autant qu'on verra par la suite que ce fleuron ne saurait manquer de faire retour à sa couronne.

Ainsi s'explique son indifférence apparente et son inaction, au moment où son existence même semblait compromise. Elle laissait ses adversaires travailler dans son intérêt et se serait bien gardée d'y mettre obstacle.

Dans tout cela, bien entendu et comme toujours, de la bonne organisation de l'armée et de la chose publique, c'est à quoi nul ne prend la peine de songer.

XVIII

A la singulière époque où nous vivons, personne ne trouve plus surprenant que le premier venu, se regardant le matin dans sa glace, s'imagine contempler la figure d'un grand homme et prenne pour traits de génie toutes les élucubrations qui lui passent par la cervelle.

N'importe quel politicien se considère comme étant apte à diriger indifféremment, au hasard de la combinaison ministérielle, la guerre ou la diplomatie, la justice ou les finances, sans qu'il lui soit besoin pour cela d'aucune expérience ou étude préalable.

Il y a là-dessus une théorie bien originale : à savoir que ceux qui ont acquis la pratique approfondie d'un service ne sauraient manquer d'être imbus d'idées rétrogrades et routinières, et comme tels rétifs au progrès. Par suite de quoi ceux qui n'en ayant aucune notion ne sauraient en avoir de fausses sont seuls capables de le diriger.

Et il faut voir avec quelle désinvolture ces administrateurs de naissance ou d'intuition viennent inaugurer les transformations les plus bizarres, prenant des puérilités pour des raisons, des niaiseries pour des principes, et croyant, de la meilleure foi du monde, étonner leurs concitoyens par l'élévation de leurs vues et la profondeur de leurs combinaisons.

Des expériences de ce genre auraient dû être épargnées à l'administration de la guerre : elles se payent trop chèrement. Mais pareille considération n'était pas faite pour arrêter les hommes politiques, convaincus que là comme ailleurs leurs talents trouveraient à briller du plus vif éclat. Aussi les réformateurs improvisés sont-ils venus lui apporter aussi le contingent de leurs lumières.

Leur premier soin a été de classer le personnel de l'armée en deux grandes catégories, les combattants et les non-combattants.

Jusqu'alors, on n'avait pas réussi à établir cette distinction, à cause de la difficulté de la faire respecter par le feu de l'ennemi.

Mais les novateurs ne s'embarrassent pas pour si peu; pour eux c'est affaire de passementerie.

Avoir des épaulettes ou n'en avoir pas, toute la question est là ; c'est du moins simple et pratique et ne risque pas de prêter à l'équivoque.

Un garde du génie conduit une sape sous le feu de l'ennemi, un médecin y reçoit une blessure en relevant les blessés, mais ils n'ont pas d'épaulettes; tant pis pour eux : ce sont des non-combattants.

Un trésorier ou un officier de recrutement ne va jamais à la guerre, mais il a des épaulettes, cela suffit, il est combattant.

Les soldats d'administration vont à la guerre dans une proportion plus grande que les autres, ils sont armés et équipés comme les autres, mais ils ont le malheur d'être commandés par des officiers dépourvus d'épaulettes, ce sont donc des non-combattants.

Les réformateurs ont posé un autre principe : à savoir qu'un non-combattant est une non-valeur. En conséquence, ils s'occupent d'en réduire autant qu'ils peuvent le nombre et s'imaginent chaque fois qu'ils ont fait passer un soldat d'administration dans un régiment de ligne avoir augmenté d'autant l'effectif utile de l'armée,

Ils diffèrent sur ce point d'avis avec Napoléon Ier, lequel ne passait pas pour diminuer volontiers le nombre réel de ses combattants, et qui créa les troupes d'administration.

Entre ces autorités inégalement considérables, il est permis de rechercher de quel côté est la vérité.

Au risque de bouleverser les idées des politiciens, je vais exposer comme quoi les troupes d'administration ne diminuent par le nombre de ceux qui sont disponibles pour le combat; elle l'augmentent.

Il est certain qu'on ne commande pas les boulangers pour monter à l'assaut non plus que les infirmiers ou les conducteurs de fourgons. Mais on ne commande pas non plus tous ceux que ces messieurs appellent les combattants. Il y a au préalable des précautions à prendre, des postes à faire garder et en premier lieu les établissements administratifs dont l'existence de l'armée dépend, et qu'on ne peut laisser à la merci d'un coup de main.

Ceci posé, si on a reconnu la nécessité de disposer d'un certain effectif, mille hommes par exemple pour la garde des convois ou des magasins, on commence par déduire de ce chiffre le nombre des soldats d'administration qui y sont employés. Si une alerte se produit, ceux-ci seront priés de déposer momentanément leur étrille et leur pelle et de prendre le fusil, pour aller occuper les postes de combat qu'on a dû leur assigner par avance.

Les troupes d'administration rendent donc déjà disponible, de ce chef, pour l'action principale, un nombre de combattants égal à leur propre effectif.

Mais il y a plus. Si l'on n'avait pas de soldats d'administration, il faudrait les remplacer par des ouvriers civils. Outre que ceux-ci ne rendraient aucun service en cas d'attaque, ils constitueraient par eux-mêmes un danger pour la défense. En plus de la garde contre l'ennemi, il faudrait encore du monde pour les surveiller et les empêcher de céder aux paniques en fuyant avec les attelages, à quoi ils ont tendance.

Les troupes d'administration rendent donc disponibles en sus de leur propre effectif tous ceux qu'il faudrait distraire pour cet objet.

Ce qui précède est d'une évidence incontestable moyennant qu'on admette deux choses :

La première, que les troupes d'administration sont utilisables pour le combat, comme les autres ;

La seconde, que l'effectif n'en est pas exagéré et seulement en rapport avec les besoins des services qu'elles ont à assurer.

Il est indubitable que la réponse à la première de ces propositions doit être affirmative.

Beaucoup de militaires sont d'avis différent ; aussi est-il nécessaire de détruire cette opinion.

Tous ceux qui ont instruit des recrues savent qu'au bout de deux ou trois mois un jeune soldat est complètement instruit dans l'infanterie et qu'il n'est plus possible de le distinguer d'un ancien sur le champ de manœuvres. Une fois ce résultat obtenu, il suffit de deux ou trois séances d'exercices par semaine pour entretenir le soldat à un degré suffisant d'instruction militaire.

Cependant, si on formait une armée avec des hommes ainsi dressés, il est universellement admis que cette armée pourrait bien faire figure à la parade, mais qu'elle serait hors d'état de tenir la campagne et de faire sérieusement la guerre.

L'instruction militaire proprement dite ne

suffit donc pas à former un soldat; il faut encore autre chose.

Cette autre chose, c'est la discipline, qui n'est que l'habitude de l'obéissance.

Poussée à un certain degré, cette habitude devient telle que le militaire ne conçoit plus la possibilité de ne pas exécuter immédiatement ce que son chef lui commande, et qu'un soldat va sans hésiter se faire casser la tête sur l'ordre de son caporal, pour une affaire qui ne l'intéresse nullement et son caporal pas plus que lui.

Seulement, ce résultat ne s'obtient pas en un jour ni même en une année.

C'est pourquoi les chefs de corps multiplient les exercices et les manœuvres au point de ne pas laisser à leurs troupes un instant de repos, et ils ont bien raison. L'instruction n'est que le prétexte. Il ne s'agit pas d'arriver à une extrême régularité de mouvements, fort inutile du reste. La raison vraie, c'est la nécessité de multiplier le contact dans le service des chefs et des subordonnés et par suite les occasions pour les uns de commander, pour les autres d'obéir et leur en faire ainsi contracter l'habitude.

L'habitude d'obéir sans hésitation aux ordres

reçus ne se prend pas seulement en exécutant la charge à volonté et les conversions à pivot fixe, elle s'acquiert tout aussi bien en accomplissant des travaux quelconques pourvu que ces travaux s'exécutent sur l'ordre et sous les yeux des chefs et que ceux-ci commandent avec justice et fermeté.

C'est le cas pour les troupes d'administration.

C'est aussi le cas pour les troupes du génie qui ne font pas plus d'instruction militaire proprement dite que les premières. La plupart du temps, elles exécutent des travaux de sape et l'on ne saurait dire que le maniement de la pioche et de la brouette ait en soi rien de plus militaire que celui du marteau ou de la pelle à enfourner.

On s'accorde pourtant à reconnaître que les troupes du génie valent les autres pour le combat; d'aucuns même les considèrent comme des troupes d'élite.

S'il n'y avait cette grosse affaire des passementeries, personne ne prétendrait que le cas soit différent pour les troupes d'administration. Dans les rares occasions où elles ont eu à combattre, elles se sont bien comportées. Il est sans exemple quelles aient été prises de panique.

Les militaires qui professent l'opinion contraire

ne prouvent qu'une chose, c'est que si chez eux l'habitude de l'obéissance a été développée, il n'en a pas été de même de celle de la réflexion.

Reste à savoir maintenant si l'effectif des troupes d'administration n'a pas été exagéré par rapport au service qu'elles ont à accomplir.

Cet effectif doit évidemment être réglé d'après l'importance des besoins à satisfaire, laquelle résulte du chiffre des troupes à pourvoir et des moyens employés pour y parvenir.

J'en ai exposé les procédés dans l'un des précédents chapitres.

J'ai dit et prouvé qu'une armée en opérations devait être alimentée, d'abord et le plus possible, au moyen des ressources locales exploitées par elle-même, ensuite et pour le complément par les envois préparés et expédiés par les services de l'arrière.

Ceci est le rôle des services administratifs, dont les troupes d'administration constituent le personnel.

L'importance relative de ces services est d'autant plus grande que l'effectif des troupes à pourvoir est plus élevé.

Considérez en effet un corps d'armée fort de 20 000 rationnaires et occupant une certaine étendue de territoire. Admettez que ces 20 000 hommes parviennent à trouver sur place l'équivalent de 10 000 rations, ce seront 10 000 rations seulement qui resteront à demander aux services administratifs.

Supposez maintenant que l'effectif du corps d'armée se trouve doublé; les ressources locales ne seront pas accrues pour autant, ce ne seront toujours que 10 000 rations qu'on pourra trouver sur place; il faudra que l'administration en fournisse 30 000.

En doublant l'effectif des troupes on aura triplé le travail des services administratifs.

Il est incontestable que la tendance moderne est de faire la guerre avec des masses de plus en plus considérables, l'importance relative des services administratifs tend donc à s'accroître; par suite, il est rationnel d'augmenter leur personnel.

Ce n'est pas tout, l'importance des ressources à trouver sur place n'est pas seulement diminuée d'une manière relative, elle l'est encore absolument depuis quelques années et dans une proportion considérable. Cela tient à la transformation de l'industrie. L'objet principal de consommation pour les troupes, ce qu'elles ont le plus d'intérêt à trouver est le froment. Mais le froment n'est pas utilisable à l'état de blé, il faut qu'on l'ait transformé en farine. Cette transformation se faisait autrefois au moyen d'usines hydrauliques. Le fonctionnement de ces usines n'était pas régulier, on avait toujours à craindre des chômages par suite de sécheresse en été ou de glaces en hiver. En prévision de ces chômages, on était obligé de préparer des farines à l'avance et il y avait partout des approvisionnements importants de cette denrée.

Aujourd'hui le moulin à vapeur s'est déjà presque entièrement substitué à l'ancien moulin à eau et on peut prévoir que dans un avenir prochain il n'y aura plus guère de ceux-ci.

Le fonctionnement des usines à vapeur étant régulier, il n'y a plus de raison pour faire nulle part approvisionnement de farine et il y en a pour n'en pas faire, cette denrée étant d'une conservation plus difficile que le blé. C'est autant de plus à tirer de l'arrière.

Cette considération pourra sembler bien mesquine aux réformateurs en chambre, c'est presque une révolution dans l'art du stratège, qui dorénavant ne pourra cesser, même momentanément, de rester lié à ses magasins.

Il résulte de tout cela que l'importance des services administratifs est énormément accrue et que si on admettait autrefois comme convenable dans une armée la proportion de 2 à 3 p. 100 de troupes d'administration, il faudra aux prochaines guerres la porter à 5.

C'est justement le contraire qu'on est en train de faire actuellement.

Je crois avoir montré pourquoi Napoléon Ier eut raison de créer les troupes d'administration et pourquoi il est nécessaire de maintenir et de développer cette institution.

Et pourquoi aussi messieurs les réformateurs actuels, en agissant à l'inverse, se trompent.

A vrai dire et *a priori*, je m'en étais douté.

XIX

Il y a en France à peu près 18 000 médecins en exercice, ce qui, en égard au chiffre de la population, donne un médecin pour un peu plus de deux mille habitants. Et il ne paraît pas que le soin de leur clientèle les laisse manquer de loisirs, à en juger par leurs succès en politique et le nombre d'entre eux qui siègent aux assemblées délibérantes, où cette classe de citoyens est de beaucoup la plus abondamment représentée.

Au même compte, il faudrait, en temps de paix pour le service de l'armée, qui ne compte guère au delà de 400 000 présents sous les drapeaux, moins de deux cents médecins.

Mais il faut observer que l'armée se compose presque entièrement de jeunes gens de vingt à vingt-cinq ans, triés sur le volet et soigneusement choisis pour ne présenter aucun signe de faiblesse, tare ou infirmité quelconque. Un tel personnel ne saurait à beaucoup près fournir la même proportion de malades que la population civile, où comptent les enfants, les vieillards et les infirmes ou valétudinaires de toutes sortes.

En évaluant cette proportion au tiers ou au quart on sera bien près de la vérité ; certainement, elle n'atteint pas la moitié.

Les militaires malades peuvent donc fournir de l'occupation à soixante ou quatre-vingts médecins en admettant pour chacun d'eux un service équivalent à la moyenne de leurs confrères civils.

Comptons largement et prenons qu'il en faille une centaine.

Il y en a treize cents, auxquels sont adjoints cent quatre-vingt-cinq pharmaciens dont la fonction consiste à attendre l'occasion de satisfaire aux ordonnances de ces treize cents médecins.

Et, comme si ce personnel n'était pas assez grandiose, on y ajoute des auxiliaires, dits médecins de réserve, lesquels sont appelés de temps à autre dans les régiments, sous prétexte d'y accomplir une période d'instruction, sous la direction des titulaires. Il est présumable qu'à ceux-là, on fait couper des jambes de bois.

Tout le monde sait que la médecine est un art qui nécessite une pratique constante. Le médecin qui cesse d'exercer ne tarde pas à perdre toute valeur au point de vue professionnel. S'il n'exerce que très peu, cette valeur s'affaiblit considérablement. C'est le cas pour les médecins militaires auxquels un nombre de malades inférieur des douze treizièmes à celui que traitent moyennement leurs confrères civils ne peut évidemment fournir une pratique suffisante. Encore n'est-ce que depuis quelques années qu'on est parvenu à leur assurer ce semblant d'occupation. On ne saurait donc s'étonner du peu de réputation dont ils jouissent, au point de vue de la pratique de leur art; à quelques exceptions près.

Ces considérations ne sont point nouvelles.

Aussi, a-t-on cherché depuis longtemps à porter remède à cet état de choses.

Le premier pas fait dans cette voie a été l'autorisation donnée aux médecins militaires

de se créer une clientèle civile, en se faisant
rétribuer. On violait en leur faveur la règle
qui veut que la position d'officier soit exclusive de toute profession lucrative exercée en
dehors de l'armée. On n'aurait pas eu à le
regretter si le résultat avait été satisfaisant.
Mais il a été nul et même moins que nul.

On supposait que tous les médecins militaires allaient s'empresser de profiter de la
permission, y trouvant tout à la fois l'avantage
de s'entretenir dans la pratique de leur art et
un supplément de ressources qui n'était pas à
dédaigner.

Ils n'auraient pas demandé mieux. Seulement,
il fallait pouvoir. Les clientèles ne s'improvisent
pas dans les villes. Pour s'en créer une, on n'imagine pas tout ce qu'il faut à un médecin de temps
et de patience, que de difficultés à vaincre, quelquefois de déboires à essuyer. Si cette profession
conduit souvent à une position lucrative et même
brillante, il n'en est pas dont les commencements
soient plus difficiles. Le médecin civil qui débute
dans la carrière se soumet à ces rudes épreuves
parce qu'il a en vue le résultat à obtenir ; il sème
parce qu'il compte récolter.

La position du médecin militaire est différente. Il a à lutter contre l'opinion, disons, si on veut, le préjugé qui n'est pas favorable à sa valeur professionnelle. De plus, il est toujours sous le coup d'un déplacement, changement de grade ou de garnison ou simple caprice ministériel. En cherchant à se faire une clientèle civile, il a la peine et grand risque de ne pas avoir la récompense; il sème, sans espoir de récolter.

Aussi, peu d'entre eux ont-ils profité de la faculté qu'on leur laissait. Cependant quelques-uns ont essayé et réussi. C'étaient les plus habiles et les plus capables, qui parvenaient à percer à force de talent et de savoir-faire. Mais la plupart de ces derniers, trouvant dans la vie civile une position plus large et plus indépendante, ont abandonné le service de l'armée.

Le résultat le plus clair de la mesure a ainsi été de provoquer un certain nombre de démissions et d'affaiblir le corps de ses membres les plus éminents, diminuant encore la valeur moyenne de l'ensemble.

C'était le contraire de ce qu'on avait espéré.

Il fallait chercher mieux.

On a cherché mieux et trouvé pis. Dans la plu-

part des villes de garnison, il n'y avait pas d'hôpital militaire. Les soldats malades étaient envoyés
à l'hospice de la localité, où ils étaient traités dans
des salles spéciales par les médecins civils atta
chés à l'établissement. Là, les fonctions des
médecins militaires étaient absolument nulles, car
on ne peut considérer comme affaire notable le
traitement des affections insignifiantes, pour lesquelles on garde les indisponibles à l'infirmerie
des casernes.

Pour leur donner de l'occupation, on imagina
de scinder en deux services distincts l'hospice de
la localité. L'un des services fut réservé aux militaires pour y être traités par les médecins de leur
régiment. L'autre continua d'appartenir aux
médecins et aux malades civils.

Tel fut l'objet de la loi du 7 juillet 1877.

Au premier abord, l'application en semblait
toute simple.

Pour le vulgaire, il n'y a guère autre chose
dans un hôpital que les salles des malades, ni
autre besoin que d'un médecin pour visiter
ceux-ci et leur faire des opérations et des
ordonnances.

A ce compte, en effet, il n'y aurait qu'à répartir

les salles, colles des militaires à leurs médecins,
les autres aux civils, chacun restant de son côté
et opérant de son mieux, sans s'occuper de
l'autre.

Malheureusement, un hôpital ne se compose
pas que des salles des malades. Il y a en outre
une foule d'aménagements indispensables à l'exécution du service : la dépense, les cuisines, la
pharmacie, le vestiaire, les bains, les bureaux,
les salles d'autopsie, les logements, les cours, les
jardins, etc., etc. Tous ces locaux, dits accessoires,
sont matériellement, dans leur ensemble, bien
plus considérables que les salles affectées aux
malades.

Ceux qui avaient construit ces hôpitaux n'ayant
pas prévu qu'un jour viendrait où l'on voudrait
les séparer en deux services distincts, il s'est
trouvé, presque partout, que cette séparation, si
on la voulait complète, était pratiquement impossible à moins de raser le tout pour rebâtir à neuf.

Comme on ne voulait pas en venir jusque-là, il
a fallu instituer dans les villes de garnison des
commissions dites d'études, chargées d'aviser aux
moins mauvais moyens possibles d'appliquer à
chaque hôpital les dispositions de la loi de 1877.

Obligées de bouleverser des installations souvent séculaires, ces commissions ont été amenées à faire ce qu'on appelle la cote mal taillée, attribuant seulement à chaque service une partie des locaux nécessaires à son fonctionnement et laissant le reste en commun.

Encore pour obtenir ce maigre résultat, leur a-t-il fallu, presque partout, adopter des dispositions vicieuses et incommodes, souvent élever des constructions nouvelles, sans pourtant réussir à séparer assez bien les services pour ne pas laisser subsister avec les parties communes une cause permanente de conflits.

Elles ont gaspillé des sommes considérables pour gâter de bonnes installations.

Ce que d'ailleurs elles ont été unanimes à reconnaître, déclarant loyalement qu'elles faisaient malgré elles besogne détestable, les combinaisons qu'elles adoptaient étant seulement les moins déplorables qu'elles avaient pu imaginer.

Tout cela pour constituer aux médecins militaires un semblant de clientèle.

Ce n'est pas le médecin qui est fait pour les besoins du malade, c'est le malade qui est considéré comme sujet d'instruction pour le médecin.

Il y a eu ces matières une question qui devrait tout primer : l'obligation pour l'État d'assurer aux soldats malades les soins les plus complets et les mieux entendus.

Il faut rechercher quelles vont être, à ce point de vue, les conséquences de la nouvelle organisation.

Les médecins militaires ayant obtenu des attributions depuis longtemps ambitionnées par eux ont le désir de les garder et, pour ce faire, de montrer que ce système donne les meilleurs résultats.

Le meilleur résultat qu'on puisse désirer, c'est le prompt rétablissement des malades, ce qui doit se traduire administrativement par la diminution du nombre de journées de traitement à l'hôpital.

Obtenir réellement ce résultat serait peut-être difficile ; le faire paraître administrativement l'est beaucoup moins, si on est maître des entrées et des sorties.

Pour diminuer le nombre des entrées, il y a un moyen aussi simple que pratique, c'est de n'envoyer à l'hôpital qu'une partie des malades.

A cet effet, on a développé les infirmeries régimentaires.

Ces infirmeries sont des chambres réservées

dans les casernes, où l'on met les hommes indisponibles par suite d'accidents ou d'indispositions légères. Autrefois il était rigoureusement interdit d'y laisser séjourner les militaires dont le cas présentait la moindre apparence de gravité. On devait les envoyer aussitôt à l'hôpital et on opérait bien ainsi, personne n'ayant intérêt à faire autrement.

Mais on a récemment modifié cette situation. On a amélioré quelque peu le régime des infirmeries, on a accru les locaux et considérablement étendu le nombre des cas à y admettre, ce qui permet maintenant d'y conserver et d'y traiter de véritables malades.

On réalise ainsi une économie, mais aux dépens du malade lui-même qu'on laisse à la caserne dans des conditions beaucoup moins bonnes pour sa guérison que ne les offre l'hôpital le plus médiocrement installé. Il est bien surprenant que les mêmes organisateurs, qui n'hésitaient pas à gaspiller des sommes considérables pour créer dans les hôpitaux de toutes les villes de garnison des services spéciaux aux militaires, soient devenus tout à coup si économes qu'ils aient cherché tous les moyens de ne pas les y envoyer.

Ces infirmeries ainsi développées peuvent rendre un deuxième service de même ordre, c'est-à-dire recevoir sous le nom de convalescents les malades incomplètement guéris, de manière à limiter la durée de leur séjour à l'hôpital. Toujours sous prétexte d'économie et au prix des mêmes inconvénients.

Ce moyen de précipiter les sorties n'est pas le seul ; on peut persuader aux gens, dès qu'ils sont en état de marcher, que l'air natal est seul capable de compléter leur guérison et les envoyer en congé chez eux.

On voit que si le médecin est à la fois chargé du service du régiment et de celui de l'hôpital, rien ne lui est plus facile que d'y réduire, et dans une proportion considérable, le nombre des journées de traitement de ses soldats.

Les médecins militaires ont maintenant ce pouvoir et ils ont intérêt à en user, car cela leur permet de dire : « C'est à tort qu'on nous jugeait moins capables que nos confrères civils d'exercer l'art de guérir. C'est le contraire qui est vrai. Voilà des comptes de journées qui sont la preuve sans réplique que nous avons obtenu les mêmes résultats dans un temps beaucoup moindre. Nous avons économisé des dépenses au trésor et amélioré l'état sanitaire de l'armée. »

Reste à fournir la preuve que tous les malades ont bien été admis aux hôpitaux et qu'on ne les a pas fait sortir avant guérison.

Si le contrôle est nécessaire quelque part, c'est sur des questions qui intéressent à un si haut degré la morale et la santé publiques. Avec l'ancien système, une telle manière de procéder n'était pas possible. Si le médecin du régiment avait envoyé tardivement ses malades à l'hôpital, celui qui était chargé du traitement n'aurait pas manqué de se plaindre qu'on ne lui eût pas permis de prendre la maladie à son début. Si ce dernier avait voulu faire sortir son malade avant complète guérison, la chose se constatait à la rentrée au corps et on pouvait le lui renvoyer. Impossible aussi de s'en débarrasser par congé anticipé, il fallait la visite contradictoire des deux médecins.

L'abus opposé était plutôt à craindre, et on a vu souvent les hôpitaux conserver les malades plus longtemps qu'il n'était nécessaire. Le nouveau système a fait disparaître cet abus auquel il eût été facile de remédier par une inspection médicale convenablement organisée, et il l'a remplacé par l'inverse qui est bien plus grave. Assurément, il est regrettable qu'un malade soit conservé trop longtemps à l'hôpital sous prétexte de parachever sa guérison ; il l'est beaucoup plus qu'il soit renvoyé avant d'être complétement guéri.

Il faut que le médecin du régiment et celui de l'hôpital soient contrôlés l'un par l'autre. Il n'y a qu'un médecin qui puisse s'opposer à l'abus possible par un autre, et empêcher que les militaires malades, déjà sujets d'instruction, deviennent en outre matière à statistique. *Similia similibus curantur.*

Tel est, au point de vue du service de santé de l'armée, le résultat des nouvelles organisations.

Accroissement démesuré du personnel et insuffisance de sa valeur professionnelle. Gaspillage effréné d'argent employé en constructions et aménagements. Suppression de toute garantie pour les soldats malades.

Voilà pour le temps de paix.

XX

Ce n'est pas meilleur pour la guerre.

Le corps médical, numériquement excessif pour le temps de paix, devient alors beaucoup trop faible. C'est que les conditions sont bien différentes. Non seulement les effectifs sont triplés, mais les chances de blessures ou de maladies sont accrues dans des proportions énormes. D'ailleurs, il ne s'agit pas de fournir aux médecins une occupation plus ou moins considérable, il faut en mettre partout où leur présence peut être nécessaire. Tel détachement est exposé à rencontrer l'ennemi, si faible que soit son effectif, il a besoin d'avoir un médecin à sa disposition.

Les évaluations les plus modérées portent à 2 800 ou 3 000 le nombre des médecins nécessaires pour l'ensemble des services de l'armée active complètement mobilisée. On a vu qu'il en existait 1 300. Il semblerait qu'on ait pris une sorte de moyenne entre les besoins de la paix et ceux de la guerre.

Pour combler partiellement le déficit, on a classé comme médecins de réserve tous les docteurs en médecine âgés de moins de trente ans, lesquels, d'après la loi de recrutement, appartiennent à la réserve de l'armée active.

Même avec cette adjonction et sans parler des non-valeurs, on est encore loin de compte, le nombre de ces médecins de réserve ne dépassant pas 900.

Aussi a-t-il fallu réduire au-dessous du nécessaire le personnel médical affecté aux diverses unités.

Dans les troupes, par exemple, on n'attribue qu'un médecin à chaque bataillon d'infanterie dont l'effectif atteint 1 000 ou 1 200 hommes. C'est déjà insuffisant si le bataillon reste réuni ; un jour de combat, ce médecin unique ne saurait suffire à donner les premiers soins aux blessés. Que ce bataillon soit fractionné et il y aura des groupes de plusieurs centaines d'hommes aux prises avec l'ennemi, sans qu'ils puissent compter sur aucun secours médical immédiat.

Mais ce n'est pas seulement le nombre, c'est encore et surtout la qualité qui fait défaut. Il a été expliqué comme quoi l'organisation était telle que les médecins militaires, si excellente qu'ait été leur instruction première, si grands que soient leur zèle et leur dévouement, étaient dans l'impossibilité de posséder de leur art une pratique suffisante. Les jeunes médecins de réserve qui leur sont adjoints ne sont que des débutants et se trouvent par suite dans le même cas.

C'est une erreur de croire qu'un médecin inexpérimenté puisse être d'un bon service à la guerre. En cas de blessure grave, tout dépend presque toujours du premier pansement. Si une opération est nécessaire, plutôt elle est faite et plus elle a de chances de réussir. Il faut un praticien habile pour juger de sa nécessité et la pratiquer sans retard.

Si une maladie contagieuse se déclare, c'est au premier moment qu'il faut prendre des mesures pour l'empêcher de se propager; un médecin expérimenté en reconnait de suite les symptômes, un autre hésite à se prononcer et quand il acquis la certitude, il est trop tard pour aviser.

On n'a jamais à la guerre d'installation complète

ni même toujours les ressources les plus indispensables. Il faut faire varier les méthodes curatives
pour les approprier aux moyens dont on dispose
et aux circonstances de temps et de lieu. Il faut
une connaissance approfondie de l'art de guérir
pour tirer le meilleur parti de moyens défectueux.
Là surtout est indispensable l'habitude que possède seul le praticien civil de voir les malades
dans les conditions matérielles les plus dissem-
blables.

Tant que l'armée n'a été composée que des
classes inférieures de la population, — de ceux qui
ne pouvaient s'acheter un remplaçant, — on n'a
attaché qu'une importance médiocre à la bonne
organisation des secours médicaux pour les soldats malades ou blessés. Ce n'est qu'après la
guerre de 1870 que l'opinion publique commença
de s'émouvoir. On compara les résultats obtenus
par le service médical français avec ceux des Allemands. Cette comparaison fit ressortir un énorme
écart dans les pertes subies par l'armée française,
pour un même nombre de malades et de blessés
chez nos adversaires.

Les causes de cet écart étaient multiples. Il est
bien plus facile à l'armée victorieuse d'assurer les

soins nécessaires à ses blessés qu'à celle qui précipite sa retraite. Dans les places investies, la contagion fait toujours de grands ravages dans les hôpitaux. A l'inexpérience du personnel médical français venait se joindre le mauvais fonctionnement des moyens administratifs de pourvoir. On a vu plus haut comment ce mauvais fonctionnement était la conséquence inévitable de la conduite irrationnelle des opérations de guerre. S'il est nécessaire de pourvoir aux besoins essentiels des gens bien portants, cette nécessité est plus pressante encore quand il s'agit des malades et des blessés. Comme les autres et moins que les autres, ils ne peuvent supporter le manque de vivres, d'abris, de vêtements et de moyens de couchage.

Quelle a été l'importance relative de ces causes diverses dans l'extrême mortalité qui a été observée dans l'armée française? C'est ce qu'il est impossible de déterminer même approximativement.

Toujours est-il que les médecins militaires, glissant prudemment sur les premières de ces causes, réservèrent toutes leurs critiques pour l'administration, qui, d'après eux, était la cause à peu près exclusive de tout le mal. De là ils concluaient tout naturellement à la faute et à l'incapacité des administrateurs.

Toujours d'après eux, rien de semblable n'aurait pu se produire s'ils avaient été eux-mêmes les administrateurs des services où ils étaient employés. En conséquence, ils réclamaient leur autonomie comme le remède souverain à un état de choses proclamé déplorable.

C'était l'application du principe de l'exploitation du malheur public au profit des intérêts particuliers.

Mais qu'entend-on au juste par : l'autonomie du service de santé ? On sait que l'un des caractères de l'époque où nous vivons èst l'emploi des formules vagues et l'horreur des définitions.

Pour les médecins militaires, le mot autonomie signifie deux choses :

1° La réunion dans leurs mains de la direction administrative du service de santé à la direction technique qu'ils ont toujours possédée;

2° La suppression de tout intermédiaire entre eux, médecins, et le chef suprême de l'unité, aux besoins de laquelle leur service est destiné à pourvoir.

La première partie de la proposition peut être

discutée. On ne naît pas administrateur, mais on le devient par l'étude et par la pratique. Un diplôme scientifique n'y est nullement nuisible, rien n'empêche un médecin de devenir capable d'administrer un hôpital. Les exemples analogues dans l'organisation civile sont assez fréquents. On voit souvent l'ingénieur d'une usine en devenir en même temps l'administrateur. Dans les établissements d'instruction publique, c'est presque toujours un ancien professeur qui sous le nom de principal ou de proviseur est chargé de l'administration. On voit aussi, mais plus rarement, des établissements hospitaliers administrés par des médecins, qui ne s'en tirent pas plus mal que d'autres.

L'ambition des médecins militaires d'administrer leurs services pouvait donc sembler légitime; ils n'eurent aucune peine à faire admettre cette prétention. Ils étaient maîtres de la situation; leurs nombreux confrères siégeant au Parlement ne pouvaient faire moins que leur rendre ce petit service.

Il faut même reconnaître qu'il ont fait preuve de modération; pouvant tout avoir ils ont laissé quelque chose aux anciens administrateurs, ainsi qu'il résulte des dispositions ci-après du décret du 15 janvier 1883 ainsi conçues :

Art. 1er — Le service de l'intendance comprend :

. . . .

La fourniture du matériel et des approvisionnements des hôpitaux et ambulances ;

. . . .

Il est bien singulier que les médecins militaires aient laissé de pareilles attributions aux intendants. L'intérêt qu'ils portent à leurs malades est tel qu'ils ne veulent laisser à personne autre le soin de pourvoir à leurs besoins matériels. Ils se déclarent et reconnaissent seuls compétents pour leur créer des installations, pour passer des marchés, pour se procurer tous les objets de consommation courante, et ils laissent à d'autres le soin d'assurer la fourniture du matériel technique et des médicaments, les seules choses pour lesquelles leur compétence soit vraiment indiscutable.

C'est tellement extraordinaire qu'on serait tenté de croire que le soin d'assurer le bien-être des malades n'a été que le prétexte ; que le but poursuivi et atteint a été l'autorité sur le personnel et le matériel administratifs, sur les comptables, sur les infirmiers, sur les magasins de l'établissement, sur les voitures, sur les attelages et sur les conducteurs, faisant bon marché du reste.

Et que si on a abandonné à d'autres les soins, qui d'après les propres principes des médecins militaires, devraient leur incomber le plus évidemment, c'est pour se ménager dans l'avenir un prétexte à récriminations.

Au jour prévu où le service de santé français aura encore fonctionné au plus mal, on recommencera d'appliquer les mêmes procédés qui ont si bien réussi. On rejettera la faute sur les intendants. On les accusera d'avoir conservé par leurs intrigues des attributions qui devaient appartenir aux médecins, à quoi tout les talents et tous les efforts de ces derniers n'auront pu suffire à remédier. Et le public sera persuadé et convaincu qu'il faut encore accroître l'autorité et le pouvoir des médecins militaires.

C'est dans cet ordre d'idées que se fera la prochaine réorganisation, quand on aura à tirer parti des prochains désastres, si toutefois la France y survit.

Cependant, bien des points restent obscurs dans les moyens que les médecins vont avoir à mettre en œuvre pour satisfaire aux besoins ordinaires de leurs malades. En temps de paix, rien ne s'oppose à ce que leur administration soit satisfaisante. Il en sera de même à la guerre, tant qu'on pourra trouver sur place les ressources nécessaires. Mais ces ressources sont insuffisantes et aléatoires, pour le surplus il faut tirer de l'arrière et alors comment opérera-t-on?

Fera-t-on pour le service de santé comme pour l'artillerie? lui organisera-t-on des bases de ravitaillement et des convois spéciaux? les médecins dirigeront-ils le mouvement de ces convois? La logique le voudrait ainsi, mais il est peu probable qu'on se décide à créer cette nouvelle catégorie d'impédimentas.

Le service de santé sera donc toujours tributaire des autres services administratifs, des subsistances pour les vivres, de l'habillement et du campement pour les abris, les moyens de couchage et les effets.

Si les directeurs de ces services sont abondamment pourvus, sans doute ils délivreront le nécessaire; mais, si c'est le contraire, ils se serviront d'abord, les autres n'auront que peu ou n'auront rien, et c'est le contraire qui est la règle.

Tout le talent des médecins administrateurs ne saurait leur faire trouver quelque chose là où il n'y a rien; il leur faudra donc à chaque instant recourir à l'autorité du général pour se faire délivrer de quoi subsister, par des services déjà insuffisamment pourvus. De là, une série interminable de tiraillements, de retards et de privations dont pâtiront les malades.

Ici apparaît dans toute son évidence le danger du deuxième principe de l'autonomie médicale, la la suppression de l'intermédiaire entre ce service administratif et le général.

Tous les services administratifs ont un lieu commun qui est le service des transports.

Qui n'a vu à la guerre un mulet allant porter un sac de pain à un avant-poste et ramenant au retour un malade ou un blessé ? A l'aller, le mulet a travaillé pour le service des subsistances, au retour il travaille pour le service de santé.

Scindez les deux services, enlevez-leur la direction commune, alors il faudra deux mulets.

En plus grand, c'est la même chose. Le service de santé à la guerre entraîne un mouvement perpétuel de moyens de transports pour évacuer les malades et les blessés des places de secours sur les ambulances, de celles-ci sur les hôpitaux temporaires et des hôpitaux temporaires sur l'intérieur.

Les autres services au contraire amènent de l'arrière sur l'avant pour la consommation des troupes et leurs moyens de transport retourneraient à vide si on n'en avait pas autre emploi.

Ces moyens sont donc disponibles pour le service des évacuations et il faut les y employer, sous peine de développer inutilement et démesurément le personnel et le matériel des convois, ce qui produirait les retards, les désordres et l'encombrement.

Mais pour que cela soit praticable, il est nécessaire qu'une autorité commune règle le fonctionnement d'un matériel employé tour à tour par les différents services administratifs y compris celui de santé.

Cette autorité peut-elle être le général lui-même ?

Assurément, s'il avait le don d'ubiquité, ce serait la meilleure solution ; on n'aurait à craindre ni erreur ni fausse interprétation de ses instructions et de ses ordres.

Mais il n'en est pas ainsi et c'est pourquoi il a besoin d'avoir des intermédiaires entre lui et les diverses unités qui constituent son commandement.

Si ces intermédiaires sont déjà nécessaires, et à plusieurs degrés, pour les unités tactiques qui opèrent sous ses yeux, ils le sont à beaucoup plus forte raison entre lui et les services administratifs qui opèrent en arrière et en dehors d. son action directe.

Ces intermédiaires ayant direction d'ensemble des services administratifs ne pourraient-ils être les officiers de l'état-major du général ?

Cela a toujours été la grande prétention de ces derniers, mais il y a pour qu'il n'en soit pas ainsi deux raisons aussi déterminantes l'une que l'autre.

On verra par la suite de cette étude que ces officiers sont, par la nature de leurs fonctions tout intimes, irresponsables et il n'est pas admissible que des attributions de cette importance soient confiées à des directeurs sans responsabilité.

De plus, cette direction exige des connaissances techniques approfondies et pratiques que les officiers d'état-major ne possèdent aucunement.

Il faut donc des agents spéciaux.

Ces agents étaient autrefois les commissaires des

guerres, devenus les intendants. On a supprimé
ces derniers, comme directeurs communs des services administratifs, en enlevant partie de ces
services à leur autorité et on ne les a remplacés
par rien.

Je dis rien, parce que ce n'est pas une solution
que de charger des commissions de régler des
mouvements de matériel qui commandent ceux
des troupes. Autant vaudrait charger le conseil
d'administration de faire manœuvrer le régiment.

Que le directeur commun des services administratifs soit plus ou moins galonné, ou brodé, ou
étoilé, c'est affaire de passementerie, qui n'intéresse pas les gens sérieux.

Ce qui importe c'est qu'il soit capable, ce qui
nécessite une préparation spéciale, qu'il soit effec-
tivement responsable et que son autorité ne puisse
être discutée.

Faire autrement, c'est méconnaître le rôle stratégique de l'administration, c'est créer des causes
permanentes de confusion, de conflits et de retards;
c'est s'interdire les opérations de grande guerre.

Les conséquences de l'organisation médicale
établie par la loi de 1882 sont donc les suivantes
pour le temps de guerre :

Insuffisance numérique et professionnelle du personnel médical. Impossibilité à ce personnel d'assurer aux malades et blessés leur existence matérielle. Désorganisation des transports administratifs dont les mouvements de l'armée dépendent.

On a vu plus haut quelles étaient ces conséquences pour le temps de paix.

Si on avait chargé un pensionnaire de Charenton de réglementer ce service, il est absolument certain qu'on ne serait pas arrivé à des résultats aussi absurdes. Jamais un fou n'aurait pu avoir assez de suite dans les idées, pour réaliser d'une manière aussi complète le problème de mettre le service dans les conditions les plus mauvaises possibles, en créant le plus d'inconvénients possibles et en gaspillant le plus d'argent possible.

XXI

ORGANISATION DU SERVICE MILITAIRE
DES MÉDECINS

La critique est aisée, mais l'art est difficile.

La première partie de cet aphorisme est seule exacte en ce qui concerne le service médical de l'armée ; on va voir combien il serait facile de lui donner une organisation rationelle.

On ne traite pas la typhoïde d'un fantassin autrement que la typhoïde du même fantassin devenu épicier. En d'autres termes, il n'y a pas de maladies militaires. Cependant, il y a des médecins militaires. Quelle peut-être la raison qui a fait créer cette institution ?

Toutes les fois qu'on se trouve en présence d'une organisation fausse, on peut être à peu près certain qu'en remontant à ses origines on y trouvera des causes politiques et que cette organisation a survécu aux raisons qui l'avaient fait établir.

C'est le cas pour le corps des médecins militaires.

Les gouvernements qui se sont succédé en France, jusque dans ces derniers temps ont considéré l'armée comme étant avant tout un instrument destiné à assurer l'ordre, disent les uns, a maintenir le despotisme, disent les autres.

Partant de ce principe, on cherchait à l'isoler du reste de la nation, estimant qu'ainsi ou pourrait compter sur elle en toute circonstance.

De là, toute une série de mesures et de réglementations vexatoires et bizarres au premier abord, fort logiques dans cet ordre d'idées, qui n'ont plus de raison d'être aujourd'hui, et dont cependant beaucoup subsistent encore.

Changements continuels de garnison. Défense aux militaires de s'habiller comme tout le monde, de se couper la barbe comme tout le monde, de se mêler aux autres au théâtre, au café et ailleurs, de prendre leurs repas autrement qu'entre eux.

On avait cherché à militariser tout ce qui avait mission de satisfaire à un besoin quelconque des militaires. Depuis la caserne jusqu'au plus mince objet de consommation, on n'admettait que la main-d'œuvre militaire sous la surveillance et la direction d'un chef militaire. Pour être admis à l'honneur de verser à boire à un troupier ou de lui confectionner une paire de bottes, il fallait soi-même porter le casque ou manier l'écouvillon.

Si les militaires avaient été exposés à avoir des procès, on aurait eu des gens de loi à eux spécialement affectés pour la défense de leurs intérêts ; mais on y avait pourvu : défense de s'occuper d'aucune affaire industrielle ou commerciale, de faire un livre, de s'intéresser à une exploitation quelconque.

On aurait bien voulu aussi leur défendre d'être jamais malades, mais cette idée, quoique simple, n'était pas pratique ; de là nécessité de leur donner des médecins et naturellement des médecins portant sabre et pantalon d'ordonnance.

Le corps des médecins militaires n'a jamais eu d'autre raison d'être.

Aujourd'hui, l'armée a complètement changé de caractère, ce n'est plus un État dans l'État, c'est l'organisation du service militaire de la nation.

On admet en principe que tous les citoyens

doivent le service personnel en temps de guerre et que pour s'y préparer ils sont tenus de venir accomplir, en temps de paix, des périodes d'instruction dans des cadres entretenus en permanence.

Si tous les citoyens valides doivent le service militaire, il est clair que tous ne peuvent l'accomplir de la même manière : que tous ne peuvent être simultanément, ou fantassins, ou artilleurs, ou infirmiers, marchant au même jour et à la même heure pour accomplir un même service.

Les meilleures dispositions à adopter seront évidemment celles qui permettront de répartir les divers emplois, en utilisant au mieux les aptitudes et les connaissances de chacun.

Ceci conduit à l'organisation du service militaire des médecins.

Pour que cette organisation puisse se faire, il faut et il suffit :

Que le personnel médical exerçant dans le pays soit suffisant, en quantité et en qualité, pour satisfaire à tous les besoins de l'armée, en temps de paix et en temps de guerre.

Que la charge ainsi imposée aux médecins

no soit pas plus lourde que celle incombant
aux autres catégories de citoyens pour l'accomplissement de leur service militaire.

Car, si chacun doit ce service, nul ne peut
être tenu d'en faire plus que sa part.

On a vu que la mobilisation totale de l'armée
active nécessitait l'appel de 2 800 à 3 000 médecins dont une moitié environ pour le service
des troupes et l'autre pour les hôpitaux et
ambulances.

Les corps de troupes de la milice territoriale
ayant à peu près la même composition et le
même effectif que ceux de l'armée active, il leur
faut pareil nombre de médecins soit 14 à 1 500.

C'est donc au total 4 200 à 4 500 médecins
qui sont nécessaires en cas de mobilisation de
toutes les forces militaires.

On a vu plus haut que le nombre en est, en
France, d'environ 18 000 ; il suffit pour assurer
le service de l'armée qu'ils fournissent le quart
ou le cinquième d'entre eux.

Assurément, un pareil prélèvement ne peut
se faire sans jeter une certaine perturbation
dans les habitudes de la population civile.

Mais, si l'on devait être arrêté par semblable considération, on ne pourrait pas mobiliser du tout, sinon les gens vivant de leurs rentes. Toutes les professions possibles répondent à un besoin public dont la satisfaction est plus ou moins compromise si on enlève à ces professions la plupart de leurs bras valides.

Il est donc clair que les médecins civils sont assez nombreux pour suffire en tous temps au service de l'armée; il est non moins évident, au point de vue de la qualité, que des praticiens exercés sont de meilleur emploi que ceux qui ne le sont pas.

Ce premier point établi, reste à savoir si cette charge sera volontiers acceptée par les médecins, c'est-à-dire si ce mode de service militaire sera moins lourd pour eux que celui qu'on impose aux autres citoyens.

Le service médical de paix comprend celui des garnisons et celui des manœuvres.

En ce qui concerne le premier, l'expérience est faite. Partout où les médecins militaires viennent à manquer, on les remplace sans le moindre embarras par les civils. Non seulement ceux-ci n'y font pas la moindre difficulté,

mais on a toujours vu les praticiens les
les plus réputés des villes de garnison, briguer
ce service comme un véritable honneur. Ce
n'est pas la rétribution allouée qui les détermine, elle est des plus minces. Ce qu'ils font
si volontiers quand rien ne les y oblige, ils le
feront à plus forte raison quand ce sera pour
eux un devoir. En tous cas, cette charge n'est
pas à comparer au métier du soldat qui passe
trois ou quatre ans dans un régiment.

Le service des manœuvres est plus pénible.
Mais ces exercices sont peu fréquents, d'une
durée très limitée, et à tout prendre, il vaut
encore mieux les faire avec le rang et la
situation d'officier que de subir les fatigues
et les désagréments qui sont le partage des
simples réservistes.

L'avantage n'est pas moins marqué pour le
temps de guerre. On a vu que dans ce cas les
médecins n'auraient pas à fournir à l'armée
dans une proportion plus grande que les autres
professions. Ils auraient une situation moins
pénible et rétribuée raisonnablement. Ils
auraient à courir des dangers; cependant ces
dangers, quoique très réels, seraient encore

moindres que s'ils avaient à combattre en première ligne.

Il est donc facile, à tous points de vue, d'appliquer au service médical militaire ce principe d'organisation qui semble inconnu et que je formule en ces termes :

Proportionner les ressources aux besoins et la dépense au service à accomplir.

Ce qu'on ne réussira jamais à faire avec un corps permanent qui ne saurait avoir une élasticité suffisante pour passer subitement de l'effectif 1 à l'effectif 20 ou 30.

Pour obtenir ce résultat, il faut :

Établir que les jeunes gens qui se destinent à la profession médicale seront dispensés de tout service militaire autre que l'exercice de cette même profession pour les besoins de l'armée;

Que l'obligation de ce service commencera pour eux à partir du jour où ils auront obtenu le diplôme de docteur et que la durée en sera de vingt ans comme pour les autres citoyens;

Que ceux d'entre eux qui viendront résider dans les villes de garnison seront inscrits à un rôle spécial, dit rôle des médecins de garnison, et qui servira à les commander pour le service des corps de troupes, à défaut de demandes volontaires ;

Que tous, quelle que soit leur résidence, seront portés à un rôle général tenu par région militaire et au moyen duquel on les commandera, à défaut de demandes volontaires, pour deux tours de service :

Le premier pour les manœuvres ;

Le second pour les campagnes de guerre.

Le tout dans la mesure des besoins.

A toute règle, il faut une sanction. Il est extrêmement probable que les médecins apporteront dans l'accomplissement de leur devoir militaire tout le zèle et tout le dévouement désirables. Mais, de la part de quelques-uns, il pourrait en être autrement. Pour ceux-là, la sanction est indiquée ; il n'y aura qu'à les priver de l'avantage d'accomplir leur service comme médecins et à les soumettre à la règle commune. Il conviendra, en conséquence, de compléter comme suit la réglementation :

Que, si des médecins se mettent dans le cas d'être blâmés pour négligences ou fautes dans l'exécution de leur service militaire, ils seront, dans des formes à déterminer par un règlement, rayés du rôle et envoyés comme soldats accomplir dans un régiment l'intégralité du temps de service imposé aux autres citoyens.

Le soin de tenir les rôles des médecins, d'apprécier leurs services et les plaintes dont ils pourront être l'objet, de les répartir dans les diverses unités suivant leurs aptitudes et suivant les besoins, d'étudier au point de vue technique les méthodes et l'organisation du service, sera dévolu à un personnel supérieur, à créer. Il conviendra de le charger de l'inspection du personnel et des établissements, et spécialement de surveiller le seul abus qui ait jamais été reproché aux hospices civils, à savoir de conserver les malades après guérison.

Ce personnel supérieur devra être composé des médecins qui se seront fait remarquer dans l'accomplissement de leur service militaire par leur zèle, leurs talents et l'élévation de leur caractère dont on aura ainsi assuré la juste récompense.

Quant au corps actuel des médecins et des pharmaciens militaires, il devra être progressivement réduit à mesure de l'application de l'autre système, en respectant les droits acquis, jusqu'à ce qu'il ait été ramené à l'effectif convenable pour le service des colonies, Algérie comprise.

En outre des raisons développées ci-dessus et qui montrent jusqu'à l'évidence la nécessité et l'urgence de cette réforme, il est à remarquer que l'organisation du service militaire des médecins aura pour conséquence de faire disparaître de la législation actuelle l'une de ses dispositions les plus justement critiquées : je veux parler du volontariat d'un an.

Ce privilège a été établi en faveur des professions dites libérales, par crainte d'entraver les études préalables qui y sont nécessaires. Ces professions dites libérales ne sont guère autres que celle d'avocat et celle de médecin.

En ce qui concerne ceux-ci, la question est vidée par l'organisation de leur service militaire.

Quant aux futurs avocats, s'il est vrai que le service dans l'armée gêne leur apprentissage, il n'y a pas une seule profession dont on n'en puisse dire autant.

Mais, de toutes, la leur est la seule où cette gêne ne présente aucun inconvénient réel.

Le métier d'avocat consiste à soutenir, devant

les tribunaux, les intérêts d'un client contre un autre avocat qui soutient les intérêts opposés.

Si l'un et l'autre sont un peu moins habiles par suite de l'interruption dans leurs études, causée par le service militaire, la situation réciproque des parties reste la même; le bon droit n'en a ni plus ni moins de chances de triompher.

XXII

Quiconque, exerçant un commandement, grand
ou petit, veut faire exécuter à ses troupes une
opération de guerre, est obligé, pour procéder
logiquement, de passer par les trois phases
suivantes :

1° Examiner la situation ;

2° Juger et décider ;

3° Indiquer à chacun ce qu'il doit faire pour
concourir à l'exécution de l'opération arrêtée.

Si le commandement n'est pas considérable, si
les troupes à mettre en mouvement n'occupent
qu'un front restreint, si le chef peut embrasser du
regard toute sa zone d'action, il se rend assez
facilement compte par lui-même des circonstances
où il se trouve et peut prendre, en connaissance
de cause, les résolutions qu'elles comportent. Si les
fractions de sa troupe sont peu nombreuses et

demeurent à sa portée, il n'a pas non plus besoin d'aide pour les disposer selon ses vues et les faire agir au moment qu'il choisit.

Mais le problème se complique à mesure que l'étendue du commandement s'accroît. Bientôt, le chef ne peut plus suffire seul à l'examen de la situation; il ne peut être partout à la fois, il n'a que deux yeux comme le commun des mortels et encore est-il obligé de les fermer souvent, pour se reposer et dormir. Cependant les événements qui l'intéressent et qui dictent ses résolutions se produisent sur tous les points et à tous les instants. Il a donc besoin d'avoir autour de lui des agents qu'il puisse envoyer là où il ne peut aller voir lui-même et qui soient chargés de lui rapporter leurs impressions. C'est ainsi seulement qu'il peut être renseigné sur tout ce qui se passe dans la zone où il opère.

Juger et décider, d'après les informations qu'il reçoit, cela le regarde seul.

Mais une fois sa décision prise, comme le commandement est étendu, comme il comprend des unités multiples et diverses, le chef ne saurait, sans perdre un temps précieux, ou même il ne pourrait matériellement établir lui-même et communiquer les ordres à exécuter par toutes ces unités.

Il lui faut encore un personnel prompt à saisir sa pensée et capable de la traduire en instructions de détail pour tous ceux qui doivent concourir à l'exécution des dispositions arrêtées.

Le personnel ainsi nécessaire pour assister le général est ce que l'on nomme : l'état-major.

Les officiers d'état-major sont donc des agents de renseignements et de transmission.

Il est à observer tout d'abord que la première de ces missions est, par ses conséquences, incomparablement plus importante que l'autre.

Un renseignement fourni par un officier d'état-major ne peut presque jamais être contrôlé ; si le général l'a envoyé à sa place, c'est qu'il ne pouvait aller voir lui-même ; il est obligé de s'en rapporter au compte qu'on lui rend. Si le renseignement est inexact, il peut déterminer une fausse manœuvre, ce dont on s'aperçoit trop tard pour y porter remède et dont les conséquences peuvent être graves.

Au contraire, le travail de la rédaction des ordres à transmettre s'effectue sous les yeux du général, qui peut en surveiller les parties essentielles. Si une erreur s'y glisse, il arrive presque toujours que le chef du service intéressé, prévoyant des difficultés d'exécution, signale son embarras, ce qui permet de rectifier en temps utile.

Entre outre de ces fonctions, qui sont leur rôle normal et leur raison d'être, les officiers d'état-major, dans l'armée française, en remplissent, mais abusivement, bien d'autres. De quoi les conséquences sont des plus fâcheuses et dont il sera traité ultérieurement à part.

De la connaissance des fonctions à remplir par ces officiers, résulte la détermination des conditions à exiger d'eux pour qu'ils soient en état de s'acquitter convenablement de leur mission.

Il leur faut, comme agents de renseignements :

L'intelligence, la vigueur, le sang-froid et une grande rectitude de jugement.

Comme agents de transmission :

Une aptitude particulière à s'assimiler la pensée du chef et une connaissance suffisante du rôle et du fonctionnement des divers armes et services, pour que la traduction de cette pensée en instructions spéciales à chacun d'eux leur soit facilement intelligible.

De toutes ces qualités, la dernière qui, est de

beaucoup la moins importante, est la seule qui s'acquière sur les bancs des écoles.

Telle n'est pas l'opinion générale.

C'est que vulgaire ne voit pas au delà de ce qui le touche de près. Les officiers d'état-major ne sont en rapport avec les troupes que par cette dernière partie de leurs attributions. C'est d'après la manière dont ils s'en acquittent, d'après les notions plus ou moins complètes qu'ils montrent ainsi à chacun de sa spécialité, que celui-ci les juge.

De là cette opinion aussi répandue que fausse : que des connaissances étendues du fonctionnement des divers armes et services sont la condition dominante du choix à faire de ces officiers.

Pour que chacun d'eux puisse rendre tous les services qu'on attend de lui, il ne suffit pas encore qu'il possède toutes les qualités énumérées ci-dessus; il faut de plus que le général auprès duquel il est employé ait la connaissance exacte et complète de ses aptitudes et de sa valeur. Ce n'est qu'à cette condition qu'il en peut tirer le meilleur parti et qu'il sait au juste le degré de confiance qu'il doit y avoir.

Les renseignements les plus importants qu'aient à fournir les officiers d'état-major sont ceux relatifs aux mouvements et aux intentions de l'ennemi. Mais jamais ces données ne peuvent être observées d'une manière complète : on ne voit qu'une partie et il faut tâcher de deviner le reste; ce qu'on apporte au général n'est pas un renseignement précis, c'est le résultat d'une impression et l'appréciation d'une probabilité.

C'est d'après ses propres remarques et les impressions ainsi communiquées que le chef juge de l'ensemble de la situation et détermine la conduite à tenir.

On voit par là de quelle nécessité est pour le général la connaissance approfondie du caractère et des aptitudes de ses officiers : il lui faut voir par leurs yeux et entendre par leurs oreilles. Ce sont des organes supplémentaires qui lui sont annexés, pour suppléer à l'insuffisance de ceux qu'il tient de la nature.

C'est dire qu'il n'y a que lui-même qui soit capable de choisir et de composer l'état-major qui lui convient.

Tout officier général a eu l'occasion, dans le cours de sa longue carrière, de connaître et d'apprécier des officiers qu'il a vus à l'œuvre, dans les circonstances les plus diverses et souvent les plus critiques, dans la valeur et dans la capacité desquels il sait qu'il peut avoir confiance.

C'est avec ceux-là qu'il formera son état-major si on le laisse faire, et il sera bien formé car, s'il en était autrement, il ne pourrait s'en prendre qu'à lui-même.

Il faut donc laisser à chaque général la latitude la plus complète de composer son état-major comme il l'entend, étant seulement convenu qu'il demeure responsable de son choix et qu'il ne sera jamais admis à invoquer la faute de ses officiers pour couvrir sa propre responsabilité.

Voilà le sens commun.

Voici comment on opère :

On a institué une école dite de guerre ou d'état-major, où sont admis les officiers ambitieux de ce service et où, pendant un certain temps, on les bourre de sciences variées.

Après quoi le ministre, — lisez un bureaucrate agissant sous le nom du ministre, — les repartit dans les divers états-majors, attribuant les meilleures résidences aux plus recommandés et quelquefois aux mieux notés à l'examen.

Dans ce dernier cas, le bureaucrate se compare *in petto* à Caton l'Ancien.

11.

Et l'état-major de chaque général est consé constitué.

Le premier effet de cette manière d'opérer est de détruire tout net et absolument la responsabilité des chefs militaires.

Un général dispose de forces supérieures. Il est surpris en pleine manœuvre et honteusement battu. Essayez de lui en faire le reproche :

« J'avais, vous dira-t-il, conçu un plan admirable et qui devait, sans doute possible, décider du succès de la campagne. Ce plan était nécessairement basé sur les dispositions de l'ennemi, telles que me les avait signalées mon état-major. Ces renseignements se sont trouvés inexacts. Je ne pouvais être partout, et on m'indiquait des corps d'armée là où il n'y avait que des patrouilles et rien du tout là où il y avait des corps d'armée. Prenez-vous-en à monsieur le ministre qui a formé mon état-major et m'avait assuré que j'y pouvais avoir pleine confiance; ce serait bien plutôt à moi de me plaindre. »

« Il se peut, dira le ministre, que l'état-major du général X ait mal fonctionné. On n'en peut rien savoir, parce qu'on ne saurait décider si c'est l'état-major qui a mal vu, ou si c'est le général qui n'a pas su démêler la vérité dans les renseignements qu'on lui donnait. En ce qui me concerne, je ne puis encourir aucun blâme; je déclare et me fais fort de prouver que tous les officiers de cet état-major avaient obtenu la note très bien à l'examen, et que plusieurs même étaient cités pour leurs talents en topographie. Personne à ma place n'aurait pu faire mieux. Décidément la fatalité s'acharne sur nous. »

Et c'est bien le mot de la situation, de fautifs il n'y en a jamais; la fatalité seule est cause de tout.

Après la guerre de 1870, l'opinion publique était justement étonnée que tant de désastres eussent été accumulés sans qu'on pût trouver personne sur qui faire retomber la faute.

On se détermina, après de longues tergiversations, à lui sacrifier une victime, et il est intéressant de savoir comment on fut obligé de s'y prendre pour y parvenir :

La condamnation de Bazaine a été juste,

parce qu'il avait négocié quand il aurait dû combattre, de quoi on n'est excusable qu'à la condition de réussir.

Cette condamnation a même été légale, mais pour la prononcer légalement, il a fallu avoir recours à un véritable subterfuge juridique.

On a fait application à Bazaine des dispositions résumées par l'article 218 ci-après de l'ordonnance. de 1832 sur le service des armées en campagne.

Art. 218. — Les lois militaires condamnent à la peine capitale tout commandant qui livre sa place sans avoir forcé l'assiégeant à passer par les travaux lents et successifs des sièges, et avant d'avoir repoussé au moins un assaut au corps de la place sur des brèches praticables (1).

En droit strict, ces dispositions, n'ayant pas été expressément abrogées, restaient applicables. Mais il faut observer qu'elles avaient été établies à une époque où l'art des sièges n'avait pas les ressources de l'artillerie moderne.

(1) *Voir l'article 3 du décret impérial du 24 décembre 1811 sur les états-majors des places et l'article 5 du décret impérial du 1er mai 1812.*

Depuis, la situation s'est complètement modifiée; il n'est plus nécessaire pour enlever une place de recourir aux travaux lents et successifs ni surtout aux assauts dont parle l'ordonnance. Les Allemands ont occupé bien des places fortes françaises en 1870; ils n'ont jamais eu besoin d'en venir à l'assaut; défenses et défenseurs eussent été détruits avant.

Si on avait fait application des dispositions précitées aux autres commandants des places prises, il n'en est aucun, sans une seule exception, à qui la peine de mort n'aurait dû être infligée légalement.

Quant à Bazaine, on lui en voulait pour avoir perdu la principale armée; on ne put le juger que pour avoir rendu une place.

On lui appliqua des lois qui, dans l'esprit de ceux qui les avaient édictées, étaient destinées à punir les défaillances devant l'ennemi, et il n'y avait pas dans l'armée d'homme qui eût donné tant de preuves de bravoure.

Aussi, l'opinion publique supposée satisfaite par la sentence rendue, s'empressa-t-on de ne l'exécuter point et d'offrir la clef des champs au condamné, qui voulut bien l'accepter, poussant même la condescendance jusqu'à se prêter à un simulacre d'évasion.

Les politiciens nous ont habitués à de tels tours de force en tous genres, que personne ne trouva surprenant qu'un homme de cet âge et de cette corpulence sût si bien s'enlever sur une corde.

La nécessité de recourir à de pareils expédients, pour obtenir un semblant de répression aux fautes les plus graves qu'un chef militaire puisse commettre, est bien la preuve la plus la plus flagrante qu'ils jouissent de l'immunité la plus complète en matière de responsabilité effective.

D'où ce conseil aux ambitieux :

Si vous aspirez à de hautes fonctions militaires, ne vous occupez que des moyens d'y parvenir et n'ayez nul souci de vous mettre en état de les remplir. Quand vous aurez atteint votre but, si le hasard favorise vos opérations, vous vous en attribuerez la gloire. Si c'est le contraire, vous n'avez autre risque à courir que d'être changés de commandement. Vous n'avez plus même à redouter le sort de Bazaine; on vient do modifier la législation qui a permis de le condamner (1).

(1) Voici la rédaction de la nouvelle ordonnance de 1883 :

Art. 288. — Il ne doit pas oublier que les lois militaires condamnent à la peine de mort avec dégradation militaire tout commandant d'une place de guerre reconnu coupable d'avoir rendu sa place à l'ennemi avant d'avoir épuisé tous les moyens de défense dont il disposait et sans avoir fait tout ce que prescrivaient le devoir et l'honneur.

C'est trop vague pour être dangereux.

XXIII

L'organisation du service d'état-major, tel qu'il fonctionne encore aujourd'hui, à quelques modifications près, remonte à Gouvion-Saint-Cyr.

C'est lui qui eut la pensée de créer un corps spécial d'état-major et cette création fit suite à celle de l'intendance militaire. Les mêmes motifs politiques l'avaient inspirée et, dans la pensée du ministre, elle en était le complément.

On se rappelle à quelles puissantes considérations on avait obéi et de quelle impérieuse nécessité il était, pour le gouvernement d'alors, de tenir dans l'impuissance les généraux que l'Empire lui avait légués.

Avec l'intendance, on les immobilisait matériellement : un chef militaire ne peut se passer d'administration, ni en improviser une au moment du besoin.

Mais si on n'improvise pas une administration, on peut, en s'y préparant de longue main, trouver le moyen d'y suppléer et les généraux du premier Empire étaient gens de ressources et d'expérience, et capables de le faire.

Un moyen infaillible de les en empêcher était de s'assurer du personnel qui, par la nature de ses fonctions, devait nécessairement entrer dans la connaissance de leurs projets, ce qui amenait logiquement à leur enlever le choix de ce personnel et à leur ôter les moyens d'influence sur la position et l'avenir de ses membres.

C'est pour réaliser ce programme que fut créé le corps spécial d'état-major.

Que cette organisation fût mauvaise en elle-même, c'est ce dont Gouvion-Saint-Cyr ne pouvait douter, mais il sacrifiait à la nécessité du moment.

Il savait, d'ailleurs, que le rôle des officiers d'état-major n'est important qu'à la guerre; il pensait que la guerre était loin et qu'avant de la faire, on aurait le temps d'aviser.

Dans cet ordre d'idées, les dispositions arrêtées pour la formation du nouveau corps furent admirables de netteté et de logique.

On décida d'abord que les officiers d'état-major

ne seraient pas choisis parmi ceux ayant séjourné dans l'armée, où l'on contracte des habitudes d'obéissance qui disposent à subir trop facilement l'influence des chefs; le corps se recruterait exclusivement au sortir des écoles militaires.

S'il ne s'était agi que de prendre les plus méritants, on aurait pu se servir du classement de sortie de ces écoles, mais on voulait des garanties de fidélité qu'on ne pouvait demander qu'aux relations de famille. On institua donc une commission, opérant sans publicité, sous prétexte d'examen, et qui dut faire porter ses choix sur les sujets considérés comme sûrs.

Pour attirer les candidats, on fit en sorte que les premiers grades fussent rapidement franchis dans le nouveau corps, et pour séduire les jeunes gens par l'éclat du costume, on donna du panache et de la dorure en abondance.

On ne pouvait décemment avoir un corps d'officiers absolument ignorants de ce que sont les troupes, on dut se résoudre à les y faire passer, mais on prit les précautions les plus minutieuses pour les y maintenir isolés. Ils ne devaient y faire que des stages de courte durée, successivement dans des régiments de toutes les armes. Là, ils conservaient leur costume spécial, étaient astreints à des travaux spéciaux et soumis à une inspection spéciale.

Pour les empêcher d'y former des relations, on voulut qu'ils n'eussent pas d'égaux et on leur assura l'autorité sur les officiers du même grade.

Ainsi que celui de l'intendance, le corps d'état-major fut un corps fermé ; néanmoins, comme ce service ne comportait pas les grades les plus élevés de la hiérarchie, on assura à ses membres, pour la fin de leur carrière, un débouché parmi les officiers généraux.

Le corps ainsi formé remplit merveilleusement le but que se proposait Gouvion-Saint-Cyr. J'ai déjà eu l'occasion de rappeler comment toutes les tentatives faites pour renverser le gouvernement par l'armée échouèrent piteusement. Cependant les sentiments de celle-ci étaient si violemment et si notoirement hostiles, que les partis de l'opposition semblaient avoir beau jeu à s'en servir pour le but qu'ils poursuivaient. Ils mirent quinze ans à s'apercevoir qu'ils faisaient fausse route et qu'en travaillant l'armée ils perdaient leur temps. Ils se retournèrent alors du côté de la populace et réussirent du premier coup. C'est que le gouvernement avait besoin de l'armée contre la populace et si l'état-major et l'intendance lui assuraient le moyen de l'empêcher de nuire, ils ne suffisaient pas pour la faire marcher malgré elle.

Toute l'histoire politique de la Restauration est dans ces quelques lignes.

Le corps d'état-major a toujours été, d'ailleurs, d'une homogénéité parfaite et d'une composition excellente, si l'on veut parler de la valeur individuelle de ses membres, comme dehors, éducation, instruction générale et spéciale. Mais on a vu plus haut que ces qualités ne sont pas les seules à exiger d'eux, ni même les principales.

Comment s'est-il fait qu'à défaut d'une intelligence supérieure pour en prévoir les résultats, les vices d'organisation de ce corps ne se soient pas révélés par l'expérience des guerres qui ont suivi sa création ?

C'est ce qu'il est facile de comprendre.

On a vu que le rôle de l'état-major, normalement à peu près nul en temps de paix, n'est que secondaire dans les expéditions par petites colonnes et ne prend une importance considérable que dans les opérations de grande guerre.

Les campagnes d'Afrique et similaires ne donnèrent jamais lieu qu'à la mise en mouvement d'effectifs restreints, maintenus habituellement groupés et toujours prêts à faire tête à un ennemi toujours présent.

La guerre de Crimée ne fut autre chose qu'un siège, où les officiers du génie furent toujours les véritables agents de renseignements, l'état-major étant réduit à transmettre les ordres.

La guerre d'Italie fut, comme on l'a si justement dit, une déroute en avant où l'on ne s'occupa que de courir sus à l'ennemi, sans s'inquiéter de savoir quelles opérations il pouvait tenter. S'il se commit des fautes dans le service de l'état-major, comme à Solférino où les deux armées, aussi mal renseignées l'une que l'autre, se surprirent réciproquement, le succès était là pour les faire oublier.

Ce ne fut donc que la guerre de 1870, où l'armée française fut continuellement surprise, qui mit bien en évidence la mauvaise organisation du service de l'état-major.

Aussi le corps fut vivement critiqué, non pas autant que celui de l'intendance parce qu'il n'avait pas à beaucoup près contre lui les mêmes intérêts ni les mêmes passions, mais encore assez pour que le vent de la réorganisation soufflât sur lui.

Réorganiser, on sait ce que cela veut dire, c'est pour chacun profiter de l'occasion de faire prévaloir ses ambitions et ses intérêts.

Le procédé est toujours le même. On commence par établir ce que l'on désire, après quoi on cherche une formule vague et ronflante qui paraisse s'y approprier et un artifice de raisonnement pour déduire l'un de l'autre.

Pour soutenir sa thèse on retourne l'opération. On présente d'abord la formule dont on soutient l'« évidence incontestable » et, par une déduction plus ou moins ingénieuse, on en arrive comme entraîné par le raisonnement à la conclusion désirée.

Dans l'espèce, il y avait plusieurs catégories de gens qui étaient intéressés à la réorganisation du corps d'état-major.

Ceux qui en faisaient partie d'abord :

Ayant franchi rapidement les premiers grades, ils avaient tout avantage à rentrer dans les corps de troupes où ils allaient primer leurs camarades moins avancés ; ils demandaient donc à ce que le corps fût ouvert pour leur permettre d'en sortir.

Fausse sortie du reste : le temps d'aller prendre rang parmi les autres et profiter de leur ancienneté pour se faire mettre au tableau d'avancement.

D'un autre côté, il y avait dans les corps de troupes nombre d'officiers qui ambitionnaient ces positions privilégiées, qui eux aussi voulaient faire caracoler un panache et des aiguillettes, — on n'a pas l'idée de l'importance de la passementerie dans l'armée française. — Ceux-là également demandaient à ce que le corps fût ouvert, mais pour y entrer.

S'il n'y avait eu que ces deux catégories de compétitions, l'affaire serait allée toute seule ; mais il y avait aussi dans les troupes ceux qui n'avaient pas l'espoir de passer dans l'état-major et qui ne se souciaient nullement de voir de nouveaux venus entrer en concurrence avec eux et les primer pour l'avancement. Ceux-ci soutenaient que le corps devait rester fermé.

Étant connus les errements des législateurs dont nous jouissons, il était clair que toute la discussion allait porter sur la question de savoir lesquels de ces intérêts de personnes seraient sacrifiés aux autres; si le corps d'état-major serait ouvert ou s'il demeurerait fermé.

On pouvait encore prévoir que la première solution l'emporterait, non que les arguments des uns fussent plus sérieux que ceux des autres, mais parce que les intérêts particuliers en jeu étant balancés, c'était nécessairement la nouveauté qu'on devait choisir : en faisant du nouveau on avait l'air de faire quelque chose.

Et c'est bien ainsi que tout se passa.

Ceux qui voudront prendre la peine de lire les discussions parlementaires qui ont précédé le vote de la loi du 20 mars 1880, pourront s'en convaincre.

On ne manqua pas d'ailleurs de changer quelques mots et quelques dispositions de détail :

Le corps d'état-major fut appelé service d'état-major;

L'école spéciale d'état-major devint l'école supérieure de guerre ;

On décida que pour y être admis, il faudrait au préalable avoir servi quelque temps dans un régiment ;

Que les stages dans les corps de troupes des diverses armes ne se feraient plus successivement, au commencement de la carrière, mais un par un à chaque changement de grade ;

Enfin, chose plus grave, on supprima le panache, mais on conserva les aiguillettes.

Quant aux vices organiques du système de Gouvion-Saint-Cyr, personne ne prit garde à une affaire de si peu de conséquence et ils furent soigneusement maintenus.

C'est donc toujours le même mode de recrutement par un examen et une école, la même organisation d'ensemble avec comité spécial, direction spéciale, inspection spéciale, et le même bureaucrate pour distribuer son monde, au hasard des recommandations et de la fourchette.

XXIV

CAUSES ET CONSÉQUENCES DE L'EXCÈS
DE CENTRALISATION

Tout corps constitué tend perpétuellement à accroître ses attributions.

C'est qu'à toute extension d'attributions correspond un accroissement d'influence et un prétexte pour obtenir une augmentation de personnel, particulièrement dans les grades élevés, et comme suite de l'avancement et des honneurs.

Que les attributions recherchées soient ou non compatibles avec celles qu'on a déjà, qu'on soit ou qu'on ne soit pas en état de les remplir, il importe peu et c'est merveille comme tous les membres du même corps s'entendent sur ces questions, se poussant, se recommandant, se faisant la courte échelle, habiles à saisir toutes les occasions et à jouer de toutes les cordes pour satisfaire les ambitions communes.

De quoi on connaît les résultats. On a vu les conséquences fâcheuses de la multiplicité des fonctions abusivement réunies dans les corps de l'artillerie, du génie, de l'intendance, mais aussi, qu'on consulte l'annuaire, on verra que tous sont pourvus d'un luxe de colonels à rendre jalouses les armées de l'Amérique du Sud.

Où cette tendance atteint son plus haut degré de développement, c'est dans l'état-major, qui ne veut admettre aucune limite à son pouvoir, prétendant dominer tout et tailler et trancher, sans responsabilité ni compétence, sous la raison sociale P. O.

Il y a toujours une certaine impudeur à demander pour soi, quelques-uns s'en font scrupule : les officiers d'état-major sont affranchis de cette inquiétude. Leur rôle n'est-il pas tout d'abnégation et sont-ils autre chose que les auxiliaires utiles sans doute, mais effacés et dépourvus de toute autorité personnelle, du chef militaire auquel ils sont adjoints? Aussi ne demandent-ils rien pour eux et tout pour lui ; on appelle cela soutenir le principe des droits du commandement.

Toujours placés auprès des généraux, leur bourdonnant aux oreilles un concert de louanges, ils ne manquent pas une occasion de critiquer le fonctionnement des divers services de leur commandement. Et il est rare qu'ils ne réussissent pas à leur persuader que, dans tous les cas où une erreur a été commise, cette erreur aurait été évitée si le général s'était réservé le soin de prendre lui-même la décision.

Il est résulté de ce travail latent et continu une réglementation de plus en plus centralisatrice, obligeant constamment de recourir au chef suprême pour les affaires les plus ordinaires et les plus simples. On a ainsi détruit progressivement l'initiative des chefs intermédiaires de service, les réduisant à ne plus faire que soumettre des propositions et émettre des avis.

Et comme les généraux n'avaient plus le temps matériel d'étudier toutes les questions, dans les cas de plus en plus fréquents où la décision leur était réservée, il leur a bien fallu se décharger de tout ou partie de ce soin sur leur état-major.

Celui-ci a ainsi commencé à joindre à ses attributions normales l'étude et la préparation des questions soumises à la décision du chef, puis il en est venu à préparer et à présenter la décision elle-même, le chef n'ayant plus qu'à sanctionner, c'est-à-dire à signer. Et le nombre des affaires à traiter continuant à s'accroître, on l'a dispensé même de prendre cette peine. Dans la plupart des cas, c'est l'officier d'état-major qui non seulement décide en fait, mais arrête la décision pour le général, se bornant à faire précéder sa signature la mention P. O., qui signifie par ordre.

Pour montrer toute l'invraisemblance de l'action que le ministre, sur l'ensemble des services, et les commandants de corps d'armée, dans leurs régions, sont censés exercer, il faudrait prendre tous les règlements militaires et les discuter successivement. On ferait ainsi facilement ressortir que presque jamais ce n'est l'autorité qui est pratiquement en état de connaître une question à qui incombe le soin de la trancher. Ce droit est réservé à l'autorité supérieure et éloignée, dont on conçoit difficilement qu'elle soit en mesure de faire autre chose que s'en rapporter aux propositions qu'on lui soumet. Un tel travail sortirait de mon cadre, je dois me borner à citer quelques exemples.

1er exemple. — La législation militaire attribue aux commandants de corps d'armée le soin de déférer à la juridiction des conseils de guerre les prévenus de tous crimes et délits de son ressort. Ils remplissent ainsi les fonctions dévolues, dans la justice civile, aux assemblées de magistrats désignées sous le nom de chambres des mises en accusation. Encore ces chambres ne connaissent-elles que des faits qualifiés crimes; on admet qu'elles ne viendraient pas; à bout d'examiner toutes les affaires relatives à de simples délits.

A qui fera-t-on croire que le commandant d'un corps d'armée, n'eût-il autre fonction à remplir, eût-il fait de la jurisprudence une étude spéciale, ait la possibilité matérielle de faire seul un travail plus considérable que celui des chambres des mises en accusation? En fait, ce sont les officiers de son état-major qui jugent en dernier ressort les instructions et les informations judiciaires, ordonnant les mises en jugement et rendant les ordonnances de non-lieu, ayant ainsi, sans compétence réelle ni responsabilité, la faculté de mettre à néant, d'un trait de plume, tout le travail des parquets militaires.

2e exemple. — Un sous-officier demande à contracter un rengagement. Quelle est l'autorité capable d'apprécier ses antécédents, sa moralité, sa manière de servir? Le chef de corps, évidemment. Est-ce lui qui autorise le rengagement? Nullement, pas même le brigadier ni le divisionnaire qui n'ont, comme le chef de corps, qu'à émettre un simple avis. C'est le commandant du corps d'armée qui décide, c'est-à-dire, sous son nom, l'état-major, lequel a ainsi, en fait, pouvoir de briser une carrière sans être obligé de tenir compte de l'opinion des chefs de l'intéressé, sans d'ailleurs avoir à ce sujet aucun élément d'appréciation. On est allé si loin sous ce rapport qu'on en est venu à réserver au ministre lui-même le droit d'autoriser l'engagement d'un simple commis d'intendance.

3ᵉ exemple. — Les règlements militaires autorisent à retenir sous les drapeaux, après libération de sa classe, le soldat qui a encouru des punitions graves pendant la durée de son service. On peut prendre cette mesure, mais on n'y est pas tenu, parce qu'on admet que ce soldat a pu racheter, par une conduite régulière, des fautes peut-être accidentelles. Qui peut être juge de ces circonstances? Encore le chef de corps assurément. Ce n'est pourtant pas lui qui décide, mais bien l'état-major. Si le soldat a des protections, c'est à lui qu'elles s'adressent, pour faire exonérer le militaire en faute du traitement qu'il a mérité.

Et ainsi toujours et pour tout.

On conçoit que l'état-major ait ainsi fini par substituer son pouvoir, peu à peu, mais complétement, à l'autorité légitime et éclairée des chefs de corps et de service. Aussi ce corps tend-il à prendre des proportions de plus en plus grandioses. Non seulement, il a fallu augmenter considérablement l'effectif de ses titulaires, mais encore leur adjoindre, sous le nom d'officiers d'ordonnance, un chiffre d'auxiliaires qu'aucune loi ne limite. Bien plus, on a créé pour le service de ses bureaux, devenus de petits ministères, un personnel secondaire dont on a fait un corps nouveau : celui des archivistes (1).

Le nombre des agents inférieurs est devenu tellement formidable qu'on a dû les enrégimenter. On a formé de ces employés, sur le modèle des sections d'administration et en pareil nombre, des sections d'état-major comprenant jusqu'à de la cavalerie plumitive.

De tous les services militaires, celui que l'état-major tient le plus à accaparer est la direction

(1) Décret du 8 mai 1880.

administrative. Cette ambition date de longtemps.

Un vieil intendant disait :

« Chaque fois que je suis entré en campagne,
il est arrivé invariablement que le chef d'état-
major de ma division s'est mis aussitôt sur le
pied de donner, sous le nom du général, des
ordres dans mon service, sans prendre la peine
de me consulter ni même de m'avertir.

« Je laissais faire sans la moindre observation.

« Cela allait d'abord tant bien que mal, mais
un jour venait où il se commettait une grosse
bévue, dont les conséquences étaient trop graves
pour qu'on pût les dissimuler au général. Celui-
ci alors me faisait appeler et, prévenu par son
chef d'état-major, voulait s'en prendre à moi.
Mais, grâce à la précaution que j'avais prise
de n'intervenir en rien, je n'avais pas de peine
à me disculper et à prouver que si on m'avait
fait l'honneur de me demander mon avis, la
faute commise aurait pu être évitée.

« A partir de ce moment j'étais maître de la
situation. »

Seulement le mal était fait.

La plupart des intendants n'ont pas le sang-froid et le cynisme de ce vieux routier. Le plus souvent, soit amour-propre, soit désir légitime de bien faire, ils essayent de réagir et en arrivent, par des concessions, à une sorte de *modus vivendi* avec l'état-major. De là résulte une direction bâtarde et des prétextes pour s'accuser réciproquement si les choses vont de travers, comme il ne manque pas d'arriver.

La prétention du corps médical d'être soustrait à la direction administrative des intendants devait fournir à l'état-major l'occasion de réaliser son désir le plus cher. On a vu que l'unité de la direction des services administratifs était d'absolue nécessité à la guerre. En séparant l'un d'eux d'avec les autres, on a fait disparaître cette unité de direction; et comme la nécessité en est évidente, il faut bien qu'elle soit rétablie tôt ou tard, sous une forme ou sous une autre. C'est un héritage à recueillir et dont l'état-major compte bien s'emparer intégralement. Je n'y trouverais rien à redire, car il importe peu que les agents chargés de cette direction soient décorés d'un nom ou d'un autre; l'essentiel est qu'elle existe. Mais j'ai montré plus haut pour quelles raisons majeures l'état-major, tel qu'il est aujourd'hui constitué, est incapable de l'exercer.

La centralisation excessive des pouvoirs, dans l'organisation militaire française, a souvent donné lieu aux critiques des auteurs militaires. Il ne paraît pas qu'aucun d'eux ait jamais cherché à en déterminer les origines et les causes, encore moins à y porter remède. Ils paraissent y voir un mal endémique à l'organisation française, quelque chose comme la conséquence de l'esprit et du caractère national. Au reste, la seule chose qui les frappe là-dedans, c'est la perte de temps pour les solutions à obtenir et les complications qui résultent du passage, par un grand nombre d'intermédiaires, des documents qui s'y rapportent.

Cet inconvénient est réel assurément, mais il est loin d'être le seul, ni le plus important.

Les conséquences de l'excès de centralisation sont bien autrement graves.

C'est d'abord, à tous les degrés de la hiérarchie, la perte de l'esprit d'initiative et du sentiment de la responsabilité.

Il faut admettre comme principe de toute

réglementation que dans chaque affaire, l'autorité qui peut pratiquement connaître de la question doit être celle à qui incombe le soin de la résoudre, sous sa responsabilité. L'autorité supérieure ne doit agir que comme direction d'ensemble et n'intervenir dans les affaires de médiocre importance que s'il se produit une réclamation.

Si on opère autrement, ainsi qu'il se pratique en France, il se trouve que l'autorité, ayant connaissance de l'affaire, n'a fait qu'émettre un avis sur la solution à y donner et ne peut en aucun cas en être rendue responsable, si mauvais qu'il soit. On peut bien encourir une responsabilité effective pour un acte, mais jamais pour une opinion. Cette responsabilité ne peut non plus porter sur l'autorité supérieure qui a pris la décision, celle-ci pouvant toujours invoquer l'excuse des appréciations inexactes qui lui étaient fournies et qu'elle n'était pas en mesure de contrôler.

De sorte qu'en définitive, du petit au grand, moyennant qu'on évite de tomber dans une irrégularité nettement prévue, on peut commettre toutes les erreurs, se dispenser de tout examen sérieux des affaires, méconnaître la justice et l'équité, sans être exposé à autre chose qu'un blâme purement platonique.

Il n'y a pas d'organisation qui soit capable de résister à un pareil dissolvant.

C'est le droit à l'ignorance et à l'incapacité, l'encouragement à l'intrigue et au népotisme.

Ce n'est pas tout : l'affaiblissement de la discipline est encore la conséquence forcée de l'excès de centralisation.

J'ai dit quelque part que la discipline était l'habitude de l'obéissance. Mais l'obéissance ne s'obtient que si le supérieur commande avec justice et fermeté. S'il en est autrement, il faut que que l'inférieur, après avoir obéi, soit sûr de trouver un recours effectif auprès de l'autorité supérieure contre l'abus de pouvoir dont il croit avoir été la victime.

Le devoir d'obéir a donc un corollaire : le droit éventuel de réclamation. Tous les règlements militaires l'ont formellement reconnu. Mais pour que ce droit ne soit pas illusoire, il faut qu'elle existe, cette autorité supérieure à celle dont on croit avoir à se plaindre et c'est justement ce qui ne se trouve pas, si, comme chez nous, c'est toujours la première qui est censée avoir ordonné.

Aussi, la discipline ne se maintient-elle en temps de paix dans l'armée française qu'à grand renfort de punitions. On a souvent remarqué qu'elle est de toutes les armées européennes celle où elles sont, de beaucoup, les plus fréquentes. Cela va bien, tant qu'on a une salle de police à sa disposition, mais on n'emmène pas cet accessoire à la guerre.

La plupart des auteurs militaires ont signalé ce qu'il appellent l'indiscipline naturelle du soldat français et ils en concluent, sans aller plus loin, qu'il est indisciplinable. C'est se payer de mots. Il en serait autrement, si les chefs avaient pris l'habitude de se faire obéir plus par respect que par crainte. A la guerre, la crainte de la punition disparaît et le respect du chef demeure.

Ce à quoi on ne peut arriver que s'il y a toujours recours effectif contre les abus de pouvoir possibles, seul moyen réel de prévenir ceux-ci.

C'est donc encore de l'excès de centralisation que résulte cette propension, prétendue naturelle du soldat français, à perdre la discipline et aucune armée n'existe que par là.

XXV

LA DÉCADENCE MILITAIRE

J'en ai assez dit pour faire connaître à quel degré de désorganisation était tombée l'armée française.

Sans souci de plaire ou de déplaire à quiconque, ne recherchant que la vérité, j'ai montré que le mal venait de loin et qu'il fallait en rechercher les origines dans les créations politiques de la Restauration. J'ai fait voir que, sous les gouvernements suivants, le mal n'avait cessé de s'aggraver et qu'il était venu au comble depuis que de nouveaux politiciens, sous prétexte de profiter de l'expérience des désastres de 1870, s'étaient mis à exploiter les passions, les intérêts et les convoitises des uns et des autres.

S'il s'était trouvé un homme, non pas même d'intelligence transcendante, mais capable de réflexion et capable surtout de mettre de côté toute considération étrangère, il n'aurait pas eu de peine, en analysant les faits, à déterminer les causes véritables de nos revers.

Il était impossible de ne pas être frappé de cette similitude d'infortune de quatre généraux, illustres entre tous, tous quatre ayant donné les preuves les moins douteuses de leurs talents, tant qu'ils n'avaient eu à conduire que des effectifs restreints et devenus tout à coup de l'incapacité la plus absolue, dès qu'ils s'étaient trouvés à la tête de grandes armées. Si le cas s'était produit pour un seul, on aurait pu, à la rigueur, expliquer la chose par un malencontreux hasard ou une aberration momentanée de l'intelligence et du jugement. Mais le même phénomène s'étant produit pour tous avec une régularité fatale, il faut bien reconnaître qu'à cet effet commun il y a eu nécessairement une cause commune.

On est ainsi conduit à rechercher comment varient les conditions du commandement, suivant qu'il s'agit de grandes armées ou de petites colonnes, et l'étude du fonctionnement des services administratifs à la guerre fait reconnaître que le rôle de ces services, secondaire dans le dernier cas, devient prépondérant dans l'autre.

Dès lors s'explique que tel officier, dépourvu
de connaissances administratives approfondies,
ait pu se montrer très brillant tant que ces
connaissances n'ont été pour lui que d'importance
restreinte, et soit devenu incapable de commander
le jour où il lui a fallu subordonner ses conceptions à des considérations non appréciables pour
lui et à des nécessités dont il se trouvait hors
d'état de se rendre compte.

La situation ainsi éclairée, on comprend aisé-
ment que l'administration ait été en défaut
partout et pourquoi les attaques contre l'intendance ont eu tant de succès : c'est qu'elles répon-
daient à des souffrances trop réelles et que
l'opinion publique ne va pas remonter aux causes
premières. On voit aussi comment des généraux, moins confiants en eux-mêmes, obligés de
recourir à la collaboration pour décider de leurs
mouvements, ont pu marcher méthodiquement
mais lentement, et n'ont pu essayer les grandes
entreprises risquées que pourtant les circonstances commandaient comme dernière ressource.
C'est que pour tenter ces opérations désespérées
avec quelques chances de succès, il faut une
grande promptitude de conception pour permettre

de parer aux éventualités, avant qu'il soit trop tard.

Et ainsi paraît, dans toute son évidence, la grande cause des désastres : l'absence chez les chefs militaires de la condition la plus essentielle de leur capacité; le manque chez eux d'éducation administrative.

Qu'a-t-on fait pour remédier à cet état de choses?

On a développé outre mesure les attributions administratives des généraux, leur donnant non seulement celles dont ils avaient besoin, mais encore d'autres, inutiles et dangereuses pour eux, sans se préoccuper aucunement de les mettre en état de les exercer.

Et pour leur permettre de développer par la pratique les connaissances qui leur manquent, on a importé en France l'usage allemand des manœuvres d'automne, par division ou corps d'armée.

Que cette innovation soit bonne pour habituer les officiers à manier leur troupe en terrain varié et pour préparer les soldats à la vie de campagne, c'est ce qui n'est pas douteux; qu'elle soit encore excellente pour former le coup d'œil des chefs militaires et les perfectionner dans la direction des mouvements de combat, c'est encore incontestable.

Mais qu'elle convienne pour leur apprendre à combiner les opérations tactiques avec celles de l'administration, c'est autre chose.

Sous ce rapport, les conditions sont inverses de celles de la guerre. On opère toujours avec des effectifs restreints et à proximité de voies ferrées sur le service desquelles on peut compter. Rien n'est donc plus facile que de s'en servir pour amener, à l'endroit et au moment voulu, les approvisionnements nécessaires, que les troupes n'ont plus qu'à envoyer prendre par leurs voitures. L'administration peut donc toujours se mettre en mesure de satisfaire aux besoins et subordonner ses opérations à la conduite des troupes.

A la guerre c'est le contraire, les mouvements des troupes doivent nécessairement être subordonnés aux conditions de fonctionnement des services administratifs et c'est pour n'avoir pas su le faire que les chefs militaires, comme ceux dont je parlais plus haut, sont arrivés à de si tristes résultats.

Rien n'est donc plus propre que ces manœuvres à les entretenir dans les anciens errements, à

les maintenir dans cette idée, aussi fausse que
funeste, qu'ils n'ont pas à compter avec la
nécessité administrative et à leur faire perdre
de vue les règles essentielles qu'il est nécessaire
d'observer.

Espère-t-on qu'au moment du besoin il surgira
de ces hommes transcendants capables de suppléer par la puissance de leur génie à l'insuffisance de la préparation à ce rôle difficile?

Il y a des gens qui comptent toujours rencontrer un quine à la loterie. Eh bien, on n'a pas
même cette chance-là. Le génie ne naît pas de
toutes pièces ; il lui faut un milieu de circonstances favorables pour se développer. Le plus
grand capitaine des temps modernes n'a eu
d'abord à commander que des armées peu nombreuses, opérant dans le pays le plus fertile du
monde. Si ses aptitudes merveilleuses lui ont
permis de profiter de cette école, il est certain
qu'il n'aurait pu s'en passer. Les guerres prochaines seront des opérations par grandes masses,
donnant en peu de temps des résultats décisifs.
Si le chef militaire veut vaincre, il lui faut
arriver préparé de tous points. C'est maintenant
plus que jamais que cette préparation est néces-

saire et moins que jamais, en France, elle n'est
possible pour les généraux.

Il a été assez complétement traité aux précédents chapitres de cette étude de l'état-major,
de l'intendance et de la médecine militaire pour
faire voir comment l'examen raisonné des conditions de fonctionnement de ces services aurait
dû facilement permettre de déterminer les causes
des mauvais résultats qu'on a obtenus.

Il en a été de même de l'artillerie, et il est
d'autant plus surprenant que personne n'ait pris
garde aux errements de ce service que déjà,
trois ans avant 1870, le défaut d'armement
avait empêché de faire la guerre, au moment
opportun.

A cette époque, on avait encore en France le
fusil à baguette, pendant que depuis longtemps
les Allemands étaient pourvus d'armes à chargement rapide. Bien loin de songer à doter l'armée
de ce système qu'elle n'avait point imaginé, l'artillerie persistait à en nier la valeur. Il fallut
Sadowa et la pression de l'opinion publique pour
la contraindre à l'adopter.

Mais j'ai à peine effleuré la question du génie
et le moment est venu d'examiner s'il a su tirer

parti, pour la défense des frontières, de l'expérience de la guerre de 1870.

Le rôle des forteresses françaises y fut réellement pitoyable : nulle part elles ne ralentirent d'un seul instant la marche des envahisseurs et la plupart ne se trouvèrent point en état d'offrir une résistance sérieuse. Si quelques-unes tombèrent plus difficilement, ce faible avantage fut loin de compenser les désastres causés par celles où se firent prendre, comme dans une souricière, les armées qui y avaient cherché refuge. Assurément, il eût mieux valu n'en avoir aucune.

Aussi, beaucoup de bons esprits commencent-ils d'adopter cette opinion, que la meilleure fortification est de n'en avoir pas et qu'il faut les raser toutes, l'expérience ayant prouvé qu'elles étaient beaucoup plus nuisibles qu'utiles.

Tel ne fut pas l'avis du génie, lequel soutint que si les forteresses n'avaient pas donné les résultats qu'on était en droit d'en attendre, c'est que le système n'en était pas complet. Que, en conséquence, il convenait de perfectionner celles qu'on avait et d'en édifier nombre de nouvelles. Et ainsi fut fait, cette opinion ayant prévalu.

Les arguments de part et d'autre ont si mal

éclairci la question qu'il est nécessaire, pour se rendre compte de la valeur du système adopté, d'exposer nettement le rôle stratégique de la fortification et comment elle peut concourir à la défense des frontières.

Les partisans de la fortification à outrance disent :

Qu'une ligne de places fortes défend une frontière parce qu'une armée envahissante n'oserait les laisser derrière elle, sans en avoir occupé au moins quelques-unes.

L'expérience prouve le contraire. L'armée allemande en 1870 ne s'est nullement préoccupée des forteresses qu'elle dépassait et n'en a éprouvé aucun préjudice. Il n'est pas sérieusement soutenable qu'une grande armée, comme sont les armées modernes, même obligée de battre en retraite, puisse être inquiétée par les détachements que de simples garnisons peuvent faire sur ses derrières. Si au lieu de simples garnisons, il y a des armées réfugiées dans des camps retranchés, il suffit de les masquer par un corps d'investissement, bien sûr qu'elle n'entreprendront rien de sérieux avant le moment certain de leur capitulation.

Que les forteresses servent de point d'appui et de bases d'opérations aux armées qui opèrent dans leur zone.

La première partie de l'argument serait plutôt pour les faire supprimer. Une armée qui s'appuie sur une forteresse est bien près d'y chercher un refuge et si elle s'y réfugie, elle est perdue.

Quant à la base d'opération, ce n'est autre chose que la base de ravitaillement, laquelle est par nature mobile; c'est même la partie la plus délicate de l'art du stratège que savoir la déplacer à propos.

Qu'elles commandent les vallées et couvrent les provinces.

Ces métaphores n'ont aucun sens; une forteresse n'est maîtresse d'autres passages que de ceux qu'elle tient sous son canon et on ne peut pas plus en couvrir une province, qu'une cathédrale avec une seule tuile.

S'il n'y avait pour les conserver d'autres motifs que ceux indiqués ci-dessus, il faudrait partager l'opinion de ceux qui veulent qu'on les détruise et se hâter de les supprimer, comme employant inutilement à leur garde des forces considérables, et dangereuses pour ceux qui s'y retirent.

Cependant, les forteresses ont à jouer dans la défense des frontières un rôle considérable; mais pour le comprendre, il faut se rappeler comment sont obligées de vivre les armées en campagne.

J'ai exposé le mécanisme de leur alimentation et fait voir que les grandes armées ne pouvaient subsister qu'en tirant de l'arrière la plus grande partie des choses nécessaires à leur subsistance et que cela n'était possible qu'autant que les bases de ravitaillement se trouvaient reliées aux lieux de production par une voie de transport à grand tonnage, rivière navigable ou chemin de fer.

Si toutes les voies de cette nature sont barrées par des forteresses, une armée envahissante pourra bien en franchir la ligne en passant dans les intervalles, mais se trouvera ensuite dans l'impossibilité d'établir sur ses derrières les communications qui lui sont indispensables pour subsister. Une telle disposition équivaut donc à rendre une frontière infranchissable; mais il faut que tous les parcours possibles soient défendus. Il suffit en effet d'une seule voie de transport, un chemin de fer par exemple, pour permettre à l'armée la plus nombreuse d'assurer ses ravitaillements. Un seul train porte plus de deux cent mille rations; on voit que la moindre ligne secondaire, même en état médiocre, suffit et au delà.

C'est ce qui est arrivé en 1870. On avait imprudemment laissé construire dans la zone frontière, sans aucune précaution militaire, des voies ferrées secondaires qui ont permis aux Allemands de trouver des parcours non défendus et d'avancer sans tenir aucun compte des ouvrages fortifiés barrant les lignes principales.

On n'a rien trouvé de mieux pour prévenir le retour de semblable accident que de multiplier les ouvrages fortifiés dans la zone des frontières sur lesquelles on avait des craintes. On en a édifié sur toutes les voies de transport qui existaient déjà et sur celles qu'on n'a pas craint d'y ajouter depuis. En effet, il est maintenant impossible de déterminer un parcours continu, de la frontière à l'intérieur, qui ne soit défendu par un ou plusieurs ouvrages.

Le vice de ce système est flagrant. Il n'est pas possible que dans le nombre de ces défenses il ne s'en trouve quelques-unes de tenue médiocre et incapables d'une résistance prolongée. Qu'une seule tombe, et ce peut être l'affaire d'un temps très court, en y sacrifiant le nécessaire, l'envahis-

seur peut être maître d'une ligne secondaire et il
ne lui en faut pas plus pour tourner et rendre
inutiles les défenses importantes des lignes principales.

Il fallait s'y prendre autrement et comprendre
qu'à vouloir tout garder on ne gardait rien. On
devait s'occuper d'abord de réduire à un très petit
nombre les voies de transport utilisables, pour
y accumuler toutes les ressources de l'art de la
fortification. C'était facile à faire.

J'ai dit que ces voies de transport étaient de
deux sortes : les chemins de fer et les voies navi-
gables. Ces dernières sont créées par la nature;
il n'est pas au pouvoir de l'homme d'en modifier
le tracé, il faut donc les défendre. On peut admettre
sans inconvénient les voies ferrées qui longent
ces rivières, les mêmes ouvrages défendent les
deux à la fois. Mais pour les autres, il faut les
mettre par avance hors d'état d'être utilisées par
l'envahisseur. Il suffit pour cela qu'on n'y puisse
trouver de parcours continu, sans passer par les
grandes voies bien défendues, ce qui conduit à ne
desservir les localités intermédiaires que par des
tronçons, sans communication entre eux, venant
s'embrancher sur les lignes fortifiées.

Il faut, de plus, que les ouvrages de fortification soient écartés des cités populeuses. Bien loin de les protéger, ils leur nuisent. Ils servent d'habitude à en faire brûler une partie et on rend la forteresse pour sauver l'autre. En cas d'investissement, les bouches inutiles font avancer le moment de la capitulation. La ville et la fortification s'annihilent l'une par l'autre.

Il suffit de jeter les yeux sur une carte pour voir qu'on est loin d'avoir opéré ainsi.

Il est vrai que l'application d'un tel système rendrait en tout temps plus incommodes les communications des localités situées dans la zone frontière, mais on ne peut organiser une défense sérieuse qu'à ce prix.

Il est vrai encore qu'elle conduirait à diminuer considérablement le nombre des forteresses et, peut-être aussi, le chiffre de l'état-major du génie, conséquence trop fâcheuse pour qu'on y vienne jamais.

Tel est aujourd'hui l'état de l'armée française :

Les considérations militaires les plus puissantes subordonnées à d'autres de toutes sortes ; l'absence de toute direction et de toute idée d'ensemble ;

l'ignorance la plus profonde des règles les plus
évidentes d'organisation ; l'intérêt public toujours
sacrifié, sans ménagement ni pudeur, aux passions,
aux intérêts et aux vanités des uns et des autres.

C'est bien la décadence militaire.

A quand la grande intelligence, doublée d'une
main de fer, qui saura reconstituer l'institution
sans laquelle un peuple n'est que le jouet et la
risée des autres, au temps où nous vivons ?

Hélas! rien ne fait prévoir que sa venue soit
prochaine.

Il faudra d'abord que les politiciens changent
leurs mœurs, et il est invraisemblable que cela
soit de sitôt, à moins qu'on ne les y contraigne.

XXVI

NE FAITES PAS LA GUERRE

Et maintenant, il faut conclure.

Elle sera triste, la conclusion.

Il faut pourtant la dire, parce que le patriotisme ne consiste pas, bien au contraire, à entretenir des illusions que la nation française est trop portée à se faire et dont il me semble pas que les plus terribles expériences lui aient fait perdre l'habitude.

Si, avant la funeste guerre de 1870, un homme s'était rencontré pour dire et pour prouver que l'armée n'était pas en état de lutter en Europe, avec la moindre de chance de succès, le chauvinisme national aurait certainement considéré comme fou, ou comme traître, celui qui aurait osé émettre une pareille proposition.

Et cependant, si par impossible cet homme avait réussi à en convaincre, peut-on prétendre

que le pays ne lui serait pas redevable du plus
grand service que personne lui aurait jamais
rendu?

C'est pourquoi il faut dire à ceux qui gou-
vernent :

NE FAITES PAS LA GUERRE ;
ne la faites sous aucun prétexte, parce que, si vous
aviez affaire à une puissance organisée, vous
iriez fatalement au-devant de nouveaux et plus
grands désastres.

Pour faire la guerre, il faut avoir une armée.

Vous en avez les éléments, et ces éléments
sont même les meilleurs qui existent. Ce qui se
passe aujourd'hui en Orient montre bien que
les troupes n'ont rien perdu depuis Malakoff et Solférino. Vous avez le droit d'en être fiers et vous
pouvez compter qu'aucune nation n'est en état
de montrer des chefs plus vigoureux et des soldats plus intrépides.

Mais ces éléments, admirables pour des expéditions genre Afrique, ne constitueraient une armée
qu'autant qu'ils seraient agencés et coordonnés
pour fonctionner à l'unisson, sous une impulsion
commune, et ce n'est pas le cas.

Vous n'avez pas plus d'armée que vous n'auriez

de montre, si vous possédiez les rouages d'une montre épars au fond d'une caisse et pas d'horloger pour les réunir.

Pour avoir une armée, il vous faudrait un organisateur pour la former et des généraux pour la conduire.

Les généraux n'existent pas et ils ne sauraient exister ; l'objet principal de cette étude a été d'en faire ressortir les causes.

Quand vous aurez fait disparaitre les vices organiques de vos institutions militaires, alors seulement il pourra s'en former ; mais il faudra longtemps.

Quant à l'organisateur, il se peut, il est même probable qu'il existe ; mais pour le découvrir il faudrait que vous fussiez capables et vous ne l'êtes pas.

Et eussiez-vous, par grand hasard, réussi à le trouver, il est certain qu'il refuserait de vous servir.

Car ce serait un caractère.

Et un caractère ne saurait se laisser imposer les théories fantaisistes que veulent faire prévaloir MM. A, B, C, D, etc., avocats ou apothicaires par profession et législateurs par accident, après les avoir puisées dans l'élucubration de quelque journaliste ou jadis récoltées à une table de sous-lieutenants.

A la première discussion, un véritable ministre leur remettrait son portefeuille en toute hâte.

Donc :

NE FAITES PAS LA GUERRE

Faites des expéditions lointaines, la dépense en est grande et les avantages minces ; mais du moins les conséquences n'en sont pas irrémédiables et cela occupe l'électeur.

Mais n'oubliez pas qu'à choisir entre une humiliation suivie d'un désastre et une humiliation toute seule, il y a folie de ne pas s'en tenir à la dernière.

Donc essuyez tous les déboires et faites toutes les excuses. Vous êtes payés pour cela. C'est la chose essentielle, si on en juge par l'ardeur que tous apportent à monter à l'assaut du pouvoir, quelles que soient les circonstances.

FIN

TABLE DES CHAPITRES

	Pages
Préface..	i
I. Ce que coûtent les contrôleurs..	1
II. Ce que c'est que le contrôle dans l'armée.	3
III. Le contrôle de l'administration n'est pas aux contrôleurs.	11
IV. Attributions réelles des contrôleurs.	15
V. Inutilité des contrôleurs..	21
VI. Opérations des contrôleurs.	27
VII. Distinction des deux branches de l'administration, leur incompatibilité.	33
VIII. L'administration militaire sous le premier Empire.	41
IX. Pourquoi fut créé le corps de l'intendance.	45
X. Rôle stratégique de l'administration..	53
XI. De la subordination de l'administration au commandement.	65
XII. Le dualisme..	71
XIII. L'école d'Afrique..	79
XIV. La guerre de 1859 en Italie..	85
XV. La guerre de France en 1870..	91
XVI. Les attaques de la presse contre l'intendance..	99

XVII. Conséquences de la loi de 1882 sur l'administration 115
XVIII. Les troupes d'administration.............. 129
XIX. Le service de santé en temps de paix........ 141
XX. Le service de santé en temps de guerre...... 155
XXI. Organisation du service militaire des médecins.. 171
XXII. L'état-major..................... 183
XXIII. Pourquoi a été organisé le corps d'état-major... 197
XXIV. Causes et conséquences de l'excès de centralisation 207
XXV. La décadence militaire............ 221
XXVI. Ne faites pas la guerre................ 237

1539 — PARIS. IMPRIMERIE A. L. GUILLOT

7, rue des Canettes, 7

www.ingramcontent.com/pod-product-compliance
Ingram Content Group UK Ltd.
Pitfield, Milton Keynes, MK11 3LW, UK
UKHW020134130726
13696UKWH00001B/352